**Diploma × KYOTO '16**

"Shinonome"

# 実施概要
Outline

私達「京都建築学生之会」は
京都の建築を志す学生有志によって
1989年に発足し、合同卒業設計展を開催してきました。
2006年度からは展覧会名を「Diploma×KYOTO」と改め、
第25回目の開催となる今年度は近畿圏20大学から172名が参加し、
3日間にわたって議論を繰り広げました。
今回、卒業設計を建築家としてのスタートと捉え、
東雲（夜明け）を感じ得る展覧会を構想しました。

［本年度テーマ］
"Shinonome"
大学での学び、卒業制作、そしてDiplomaで得た成果はゴールではない。
今宵わたしたちの作品は4年間の長い夜を跨いでここに集まった。
今まさに夜が明けようとする空──東雲（しののめ）──が広がっている。
Diploma×KYOTOは光あふれる未来への第一歩となるだろう。
わたしたちが培った建築への思いは朝日を少しずつ浴び、
やがて長い1日を過ごす糧へと変化してゆく。

［開催概要］
実施日時｜2016年2月27日–29日
会場｜京都市勧業館みやこめっせ

［出展者数］
172名

［参加大学］
大阪大学／大阪工業大学／大阪市立大学／大阪芸術大学／関西大学／近畿大学
摂南大学／奈良女子大学／滋賀県立大学／立命館大学／関西学院大学／神戸大学
兵庫県立大学／武庫川女子大学／京都大学／京都建築大学校／京都建築専門学校
京都工芸繊維大学／京都女子大学／京都橘大学

［特別協賛］
株式会社総合資格／住友林業ホームテック株式会社／株式会社ザイマックス
株式会社ディー・サイン／株式会社長谷工コーポレーション／株式会社フォーラムエイト
株式会社三和建設／有限会社遊友建築工房／株式会社バックス画材／株式会社NTTファシリティーズ

# 目次
Contents

- 002 実施概要
- 003 目次
- 004 審査会実施内容紹介
- 006 審査員紹介
- 008 受賞者・ファイナリスト紹介
- 017 **Day 1**
  審査ドキュメント
  座談会 複数の場によって生成される社会と私の立ち位置｜Day 1 審査員
  審査総評 AI、VR、LINE──未来の歴史から｜倉方俊輔
- 041 **Day 2**
  審査ドキュメント
  座談会 現代の建築家像を築く｜Day 2 審査員×学生ファイナリスト
  審査総評 "OUR ARCHITECTURE"｜上國宗也
- 061 **Day 3**
  審査ドキュメント
  学生座談会｜Day 3 受賞者
- 071 **エッセイ 01 卒業設計に臨む君へ**
  「広く」、そして「深く」｜内藤 廣
  社会の中で無限に広がる価値を見い出す｜忽那裕樹
  自分の世界観を表現するチャンス｜手塚由比
  新しい問いを投げかける｜羽鳥達也
- 076 **エッセイ 02 卒業設計の先に**
  忘れてしまっていい｜山口陽登
  正直につくること｜小松一平
  ともにつくるという新しい選択肢｜河野桃子
  卒業設計の本質と、卒業設計失敗の手引き｜高栄智史
- 081 出展者紹介一覧
- 106 おわりに
- 110 広告

《別冊》受賞者・ファイナリスト作品集

## Day 1

**2月27日**［土］10:00–17:00

最前線で活躍する建築家・ランドスケープデザイナーによる講評

［テーマ］

朝未───あさまだき───

夜の明けきらないころ　何も分からない時分に頼りにした星を前にして

［プログラム］

巡回審査｜会場内を巡回しながら各審査員がそれぞれ作品を選出
一次審査｜各審査員が選んだ作品の中から10作品を選出
公開審査｜ファイナリスト10人によるプレゼンテーション、質疑の後、投票にて1–3位を決定

審査員｜内藤 廣／忽那裕樹／手塚由比／羽鳥達也　司会｜倉方俊輔

## Day 2

**2月28日**［日］10:00–17:00

関西にゆかりのある若手建築家による講評

［テーマ］

暁───あかつき───

夜が明けようとするころ　一日目よりも近しい星を前に、自分の行く道がぼんやりと見え始める

［プログラム］

巡回審査｜会場内を巡回しつつ、質疑をおこないながら各審査員10作品を選出
一次審査｜各審査員が選んだ作品の中から10作品を選出
公開審査｜ファイナリスト10人によるプレゼンテーション、質疑の後、投票にて1–3位を決定

審査員｜山口陽登／小松一平／河野桃子／高栄智史　司会｜上園宗也

## Day 3

**2月29日**［月］10:00–15:00

出展者、来場者による投票と講評

［テーマ］

東雲───しののめ───

東の空が白み、色付き始めるころ　我々がスタートを切った東雲の空が　今日を過ごす者の目に焼き付く

［プログラム］

ファイナリスト発表｜1、2日目のシール投票における各部門（建築学部生、出展者、建築関係・大学院生、一般）
上位2名、計8名がファイナリストに選出
公開審査｜ファイナリスト8人によるプレゼンテーション、質疑の後、会場・インターネットによる投票にて1–3位を決定

内容紹介

# 審査員
Juries

# Day 1

## 内藤 廣
Hiroshi NAITO
［建築家／東京大学名誉教授］

1950年横浜生まれ。1976年早稲田大学大学院修士課程修了。フェルナンド・イゲーラス建築設計事務所（スペイン・マドリッド）、菊竹清訓建築設計事務所を経て、1981年内藤廣建築設計事務所を設立。2001-2011年東京大学大学院にて、教授・副学長を歴任。2011年─同大学名誉教授。主な建築作品に、海の博物館(1992)、安曇野ちひろ美術館(1997)、牧野富太郎記念館(1999)、島根県芸術文化センター(2005)、日向市駅(2008)、安曇野市庁舎(2015)、静岡県草薙総合運動場体育館(2015)など。また近著に、『内藤廣の頭と手』（彰国社）、『内藤廣の建築 素形から素景へ1・2』（TOTO出版）、『内藤廣+石元泰博 空間との対話』（ADP）、『場のちから』（王国社）などがある。

## 忽那裕樹
Hiroki KUTSUNA
［ランドスケープ・デザイナー／E-DESIGN代表］

1966年大阪府生まれ。大阪府立大学農学部農業工学科卒業。景観・環境デザインをはじめ、まちづくりの活動や仕組みづくりまで、幅広いプロジェクトに携わる。庭園をはじめ公園や広場、大学キャンパス、商業・集合住宅・病院などのランドスケープのデザインとプログラムを国内外で展開。「近畿大学本部キャンパス洗心の庭」日本造園学会設計部門奨励賞。「千里リハビリテーション病院」、「ヌーヴェル赤羽台」グッドデザイン賞受賞。水都大阪パートナーズ理事。江之子島文化芸術創造センタープロデューサー。NPOパブリックスタイル研究所理事長。立命館大学大学院SDP客員教授。

## 手塚由比
Yui TEZUKA
［建築家／手塚建築研究所］

1969年神奈川県生まれ。1992年武蔵工業大学卒業。1992年─1993年ロンドン大学バートレット校（ロン・ヘロンに師事）。1994年手塚建築研究所を手塚貴晴と共同設立。1999年─東洋大学非常勤講師。2006年カリフォルニア大学バークレー校客員教授。主な受賞に日本建築家協会新人賞（2002年屋根の家）、日本建築学会賞（作品）（2008年ふじようちえん）、日本建築学会作品選奨（1997年、2003年、2005年、2013年）、グッドデザイン金賞（1997年副島病院、2013年あさひ幼稚園）。主な作品に屋根の家 越後松之山「森の学校」キョロロ ふじようちえん あさひ幼稚園 空の森クリニック。主な著書に『手塚貴晴+手塚由比 建築カタログ』1-3 TOTO出版。

## 羽鳥達也
Tatsuya HATORI
［建築家／日建設計］

1998年武蔵工業大学大学院修士課程修了ののち、株式会社日建設計に入社。現在、設計部部長。担当作品および受賞歴として、神保町シアタービルでSD Review入選、アルカシア建築賞ゴールドメダル、JIA新人賞などを受賞。ソニーシティ大崎(NBF大崎)にて2014年度日本建築学会賞作品賞を受賞。桐朋学園音楽部門調布キャンパスにてSD Review SD賞、東京建築賞最優秀賞などを受賞。そのほか、「逃げ地図」という避難地図を地域住民と共同制作する活動でGOOD Design AWORD Best100受賞、Code for Resilience 世界大会最優秀賞受賞。講師歴として、2010年から2013年まで東京大学非常勤講師、2010年から東京都市大学非常勤講師、2014年から日本大学大学院非常勤講師。

## 司会
Chairman

## 倉方俊輔
Shunsuke KURAKATA
［建築史／大阪市立大学准教授］

1971年東京都生まれ。1994年早稲田大学理工学部建築学科卒業。1996年同大学院修士課程修了。伊東忠太の研究で博士（工学）取得後、西日本工業大学准教授などを経て、2011年より現職。大学の進路選択の際、最初に建築に感じた漠とした魅力を、日本近現代を中心とした研究、執筆、社会活動を通じて実体化しようと取り組んでいる。主な編著に『吉祥寺ハモニカ横丁のつくり方』（彰国社）、『これからの建築士』（学芸出版社）、『生きた建築 大阪』(140B)、『大阪建築 みる・あるく・かたる』（京阪神エルマガジン社）、『ドコノモン』（日経BP社）、『吉阪隆正とル・コルビュジエ』（王国社）ほか。生きた建築ミュージアム大阪実行委員会委員。日本建築設計学会「建築設計」編集長などを務める。

# Day 2

### 山口陽登
Akito YAMAGUCHI

[建築家／シイナリ建築設計事務所]

1980年大阪生まれ。2005年大阪市立大学大学院工学研究科修了。2010年－大阪市立大学非常勤講師。2015年－関西大学、大阪芸術大学、大阪工業技術専門学校非常勤講師。2005年－2013年株式会社日本設計を経て、2013年－siinari主宰。2014年「CONSTANT APARTMENT」でSDレビュー2014鹿島賞受賞。現在は、大阪の上本町にてシェアオフィス「上町荘」を運営しながら、建築設計・インスタレーションなど幅広く活動中。

### 小松一平
Ippei KOMATSU

[建築家／小松建築設計事務所]

1984年奈良市生まれ。高校時代にとある本を読んで建築家という職業を知り、芸術学部で建築を学びたいと思い、大阪芸術大学芸術学部建築学科入学。2006年卒業。卒業後半年間、関西や東京等の事務所でお手伝いをしながらたくさんの建築を見に行く。その間にSMOKERS' STYLE COMPETITION 2006 アイデア部門最優秀賞受賞。2006年－2010年建築設計事務所で経験を積み、2010年小松建築設計事務所設立。Under 30 Architects exhibition 2012・2013出展。U-30 Glass Architecture Competition 2014 優秀賞受賞。現在、どんなプロジェクトでも新しい視点を発見できるように心がけ、住宅や店舗等の設計を手がけている。

### 河野桃子
Momoko KONO

[建築家／つみき設計施工社]

1983年札幌生まれ。京都大学大学院修了後、コネもお金も仕事もないままに、夫河野直と合同会社つみき設計施工社を設立。「ともにつくる」をモットーに、住まい手と設計者、職人が一体となったチームで、「住む人もつくる人も幸せなものづくり」を目指しています。現在は住宅や店舗のリフォーム・リノベーションを中心に設計・施工を請け負っています。この本が出版される頃には二児の母となる予定。2007年卒業設計日本一決定戦で日本一受賞。2009年、SDレビュー2009で鹿島賞を受賞。一級建築士。

### 高栄智史
Satoshi TAKAE

[建築家]

1986年佐賀県生まれ。2006年に有明工業高等専門学校を卒業後、京都造形芸術大学へ編入。卒業後、同大学にて副手を務める。その後早稲田大学大学院 古谷誠章研究室へ。2013年、修了と同時期に設計の仕事が舞い込んできたためそのまま独立。現在フリーランス（建築設計／写真撮影）。主な受賞歴として、SDreview 2010、SDreview2012、U-35(2014)など。主な作品として、no.001 | house | 2014、no.002 | tea-house | 2015、project | weekend-house | 2015-など。
www.satoshitakae.com

### 司会
Chairman

### 上園宗也
Kazuya UEZONO

[建築家／コーディネーター]

1983年鹿児島県生まれ。2011年京都大学工学部建築学科卒業。高松伸建築設計事務所に入社、現職。京都と鹿児島を拠点に活動を展開。2008年京都建築学生之会代表。2009年京都建築学生之会後輩企画「NEXTA」創立。2010年建築フリーマガジン「Supernova」創刊。2015年「鹿児島建築交流企画委員会」設立し、建築トークイベント「Archismカゴシマ」創立、企画・運営・コーディネーターとして参加。

## 受賞者・ファイナリスト
Winner/Finalists

### 受賞者
Winner

# Day 1

[ID011] **石川一平**　**1位** 1st Prize
立命館大学
理工学部建築都市デザイン学科

大阪人博覧会
——ミナミを繋ぐ
日常のミュージアム——

[ID001] **相見良樹** **2位** 2nd Prize
大阪工業大学
工学部建築学科

ろう

[ID023] **大須賀嵩幸** **3位** 3rd Prize
京都大学
工学部建築学科

$f^3$
——次世代型自在展開式農場——

## ファイナリスト
Finalist

[ID020]
### 石見春香
滋賀県立大学
環境建築デザイン学科

風土の再構築
―― 淡路島縄文村計画 ――

[ID080]
### 洲脇純平
大阪工業大学
工学部空間デザイン学科

再起の術
―― 竹林を介した人と
山の関係の再編 ――

[ID093]
### 谷戸星香
立命館大学
理工学部建築都市デザイン学科

融解する幻想
―― 自然界におけるディナージーを
手掛かりとした紙により導き出される
微現象の表出 ――

[ID129]
### 廣田未紗
立命館大学
理工学部建築都市デザイン学科

陶の棲家
―― 個の絡まりによる断面風景 ――

[ID133]
### 藤井伊都実
立命館大学
理工学部建築都市デザイン学科

白鳥物語
―― エリアナ・パブロワの記憶 ――

[ID138]
### 舩冨勇人
大阪芸術大学
芸術学部建築学科

都市と言う名の監獄

[ID155]
### 持井英敏
大阪工業大学
工学部空間デザイン学科

百年地図。

## 受賞者・ファイナリスト
Finalists

# Day 2

### 受賞者
Winner

[ID043] **1位** 1st Prize
**川井茜理**
滋賀県立大学
環境科学部環境建築デザイン学科

とんまか
——もったいない空間と人との関係を再編する商店街——

[ID031] **2位** 2nd Prize
**大森健史**
大阪芸術大学
芸術学部建築学科

潮騒の神島家
——朧朧たる《青》の集積——

[ID093] **3位** 3rd Prize
**谷戸星香**
立命館大学
理工学部建築都市デザイン学科

融解する幻想
——自然界におけるディナージーを手掛かりとした紙により導き出される微現象の表出——

とんまか——もったいない空間と人との関係を再編する商店街——｜川井茜理｜滋賀県立大学 環境科学部環境建築デザイン学科

## ファイナリスト
Finalist

[ID001]
### 相見良樹
大阪工業大学
工学部建築学科

ろう

[ID015]
### 板倉彰吾
大阪大学
工学部地球総合工学科

時を編む

[ID094]
### 田原迫はるか
京都大学
工学部建築学科

うつせみの
──知覚する身体のための建築：
モーリス・メルロ＝ポンティ ラジオ講演
1948年より──

[ID106]
### 中村勝広
大阪大学
工学部地球総合工学科

幻影

[ID128]
### 廣田貴之
大阪大学
工学部地球総合工学科

ツギハギ
──「貸す－借りる」の
関係が編むまち──

[ID129]
### 廣田未紗
立命館大学
理工学部建築都市デザイン学科

陶の棲家
──個の絡まりによる断面風景──

[ID169]
### 横木相汰
滋賀県立大学
環境建築デザイン学科

田の浦に住む
大工見習いの家

## 受賞者・ファイナリスト
Finalists

### 受賞者
Winner

[ID129]　**1位**
**廣田未紗**　1st Prize
立命館大学
理工学部建築都市デザイン学科

陶の棲家
────個の絡まりによる断面風景────

[ID047]　**2位**
**川本 稜**　2nd Prize
京都大学
工学部建築学科

Spiral Extension
────無限成長美術館────

[ID001]　**3位**
**相見良樹**　3rd Prize
大阪工業大学
工学部建築学科

ろう

陶の棲家────個の絡まりによる断面風景────　｜廣田未紗｜立命館大学 理工学部建築都市デザイン学科

## ファイナリスト
Finalist

［ID055］
### 草薙竜市
大阪芸術大学
芸術学部建築学科

地図にのこるもの、
のこらないもの、

［ID062］
### 蔡 昂
関西大学
環境都市工学部建築学科

大地と空の輪郭

［ID100］
### 中居和也
近畿大学
建築学部

Borderless Art Museum
―― 近江八幡
煉瓦工場再生計画 ――

［ID103］
### 中城貴宣
立命館大学
理工学部建築都市デザイン学科

10万年の責任
―― 美浜原発跡地利用計画 ――

［ID116］
### 馬場智美
神戸大学
工学部建築学科

日向神峡の間
―― ダム湖の出現により浸水した
峡谷と人との縁結び ――

集合写真

# Day 1

2月27日［土］10:00–17:00
最前線で活躍する建築家・ランドスケープデザイナーによる講評

［テーマ］
朝未——あさまだき——
夜の明けきらないころ　何も分からない時分に頼りにした星を前にして

内藤廣氏、忽那裕樹氏、手塚由比氏、羽鳥達也氏の
4名を審査員を迎えての1日目の審査会。
午前中の巡回審査、その後の一次審査を経て選ばれた10作品が、
午後からの公開プレゼンテーションに臨んだ。
倉方俊輔氏が司会を務め、学生と審査員ともに
熱意のこもった応答が繰り広げられた。

# 一次審査選出作品一覧

※はファイナリスト選出作品

## 内藤氏選出作品

| ID | 氏名 | 大学 | 作品名 |
|---|---|---|---|
| ID011 | 石川一平 | 立命館大学 | 大阪人博覧会──ミナミを繋ぐ日常のミュージアム── |
| ID014 | 泉 亜門 | 立命館大学 | archiCLOTHES──衣服の型紙で作る建築のかたち── |
| ID020 | 石見春香 | 滋賀県立大学 | 風土の再構築──淡路島縄文村計画──※ |
| ID030 | 大前 敦 | 立命館大学 | 降り注ぐ葦の階調──町と自然を紡ぐ── |
| ID059 | 小刀夏未 | 大阪大学 | あなたへ |
| ID080 | 洲脇純平 | 大阪工業大学 | 再起の術──竹林を介した人と山の関係の再編──※ |
| ID093 | 谷戸星香 | 立命館大学 | 融解する幻想──自然界におけるディナージーを手掛かりとした紙により導き出される微現象の表出──※ |
| ID129 | 廣田未紗 | 立命館大学 | 陶の棲家──個の絡まりによる断面風景── |
| ID138 | 舩冨勇人 | 大阪芸術大学 | 都市と言う名の監獄 |
| ID155 | 持井英敏 | 大阪工業大学 | 百年地図。※ |

## 忽那氏選出作品

| ID | 氏名 | 大学 | 作品名 |
|---|---|---|---|
| ID008 | 池田みさき | 神戸大学 | 君と共に──滞在型産前・産後ケアセンターの提案── |
| ID011 | 石川一平 | 立命館大学 | 大阪人博覧会──ミナミを繋ぐ日常のミュージアム── |
| ID027 | 大須賀嵩幸 | 京都大学 | $f^3$──次世代型自在展開式農場──※ |
| ID033 | 垣内美帆子 | 京都大学 | 鼓動──agriculture & architecture── |
| ID036 | 勝 孝 | 京都工芸繊維大学 | 更新──住宅と都市をつなぐ緩衝帯── |
| ID046 | 川島 快 | 京都大学 | 崇仁の再生──大学キャンパスに居住空間を含む崇仁地区の計画── |
| ID080 | 洲脇純平 | 大阪工業大学 | 再起の術──竹林を介した人と山の関係の再編──※ |
| ID095 | 塚越仁貴 | 神戸大学 | 久遠の環──神戸・布引ダムの転生── |
| ID129 | 廣田未紗 | 立命館大学 | 陶の棲家──個の絡まりによる断面風景── |
| ID133 | 藤井伊都実 | 立命館大学 | 白鳥物語──エリアナ・パブロワの記憶──※ |

## 手塚氏選出作品

| ID | 氏名 | 大学 | 作品名 |
|---|---|---|---|
| ID001 | 相見良樹 | 大阪工業大学 | ろう※ |
| ID011 | 石川一平 | 立命館大学 | 大阪人博覧会──ミナミを繋ぐ日常のミュージアム── |
| ID055 | 草薙竜市 | 大阪芸術大学 | 地図にのこるもの、のこらないもの、 |
| ID080 | 洲脇純平 | 大阪工業大学 | 再起の術──竹林を介した人と山の関係の再編──※ |
| ID093 | 谷戸星香 | 立命館大学 | 融解する幻想──自然界におけるディナージーを手掛かりとした紙により導き出される微現象の表出──※ |
| ID097 | 土井康永 | 近畿大学 | 「地」になじむ──富田林歴史資料施設── |
| ID129 | 廣田未紗 | 立命館大学 | 陶の棲家──個の絡まりによる断面風景── |
| ID135 | 藤川佳志 | 大阪芸術大学 | 間隙の隙間 |
| ID155 | 持井英敏 | 大阪工業大学 | 百年地図。※ |
| ID162 | 山岡大樹 | 滋賀県立大学 | 垂直階層都市 |

## 羽鳥氏選出作品

| ID | 氏名 | 大学 | 作品名 |
|---|---|---|---|
| ID001 | 相見良樹 | 大阪工業大学 | ろう※ |
| ID011 | 石川一平 | 立命館大学 | 大阪人博覧会──ミナミを繋ぐ日常のミュージアム──※ |
| ID014 | 泉 亜門 | 立命館大学 | archiCLOTHES──衣服の型紙で作る建築のかたち── |
| ID027 | 大須賀嵩幸 | 京都大学 | $f^3$──次世代型自在展開式農場──※ |
| ID034 | 陰山千夏 | 立命館大学 | 老いと生きる学び舎──超高齢化社会を支えるランナーたち── |
| ID042 | 神山貴成 | 大阪工業大学 | 100からなる建築 |
| ID055 | 草薙竜市 | 大阪芸術大学 | 地図にのこるもの、のこらないもの、 |
| ID093 | 谷戸星香 | 立命館大学 | 融解する幻想──自然界におけるディナージーを手掛かりとした紙により導き出される微現象の表出──※ |
| ID097 | 土井康永 | 近畿大学 | 「地」になじむ──富田林歴史資料施設── |
| ID100 | 中居和也 | 近畿大学 | Borderless Art Museum──近江八幡 煉瓦工場再生計画── |
| ID112 | 額田奈菜子 | 京都工芸繊維大学 | afterschool townscape──放課後をつなぐ 街中立体公園── |
| ID128 | 廣田貴之 | 大阪工業大学 | ツギハギ──「貸す−借りる」の関係が編むまち── |
| ID129 | 廣田未紗 | 立命館大学 | 陶の棲家──個の絡まりによる断面風景── |
| ID130 | 廣畑佑樹 | 大阪大学 | PALETTE |

# 審査ドキュメント

## プレゼンテーション

ID011 | 立命館大学 | 石川一平（→別冊P4参照）
大阪人博覧会――ミナミをつなぐ日常のミュージアム――

石川｜大阪の天王寺駅にナニワ文化のミュージアムを提案します。天王寺駅前はかつては貨物の集積地で、闇市などの人々が集う空間が周辺に広がっていました。そこでは「じゃりン子チエ」などのナニワ文化と呼ばれる人々の人情あふれる日常が展開されていました。そんな天王寺も最近では、駅前再開発によって少しずつ都市空間が変わってきていますが、現在でも古本市や骨董市、若者による路上販売やストリートライブといったパフォーマンスが、形を変えつつもナニワ文化として受け継がれています。

　計画敷地である阪和天王寺駅は、キューズモールやアベノハルカスなどの商業施設と、阪和商店街などの少しダーティーな古いナニワの街並みの境目に位置しています［図1］。私はこの敷地に清潔な街並みと昔ながらの街並みのギャップをつなぎとめる街路型ミュージアムを提案します。低層部は既存の露店のスケールを継承した店舗を、周囲の通りに溶け込むよう配置することで日常的に骨董市などが開かれるストリートギャラリーとして整備します。中層部分にはストリートライブを行う若者や関西国際空港からやってくる観光客のための宿泊施設、上層部分はミュージシャンを目指す人のための録音スタジオや、今までのナニワ文化と呼ばれる作品や今後この場所で生まれゆく作品を集積する

収蔵室を備えています。構造的な提案として、駅という文脈から電車の構造に着目し、軽くて強度があるモノコックフレームを下から上に都市のスケールに対応させながら積層させています。

―

手塚｜いろいろな素材を使っていますが、その空間を訪れた人にどう感じてほしいのか教えてください。

石川｜阪和商店街の建物のファサードは、トタンの貼り合わせや、木造、RCの混在した状態で、その雰囲気をデザインコードとして取り入れました。それによって、開発によって淘汰されていくこの街並みこそ、魅力があり、商業的な価値がある残すべきものだということを伝えたいと思っています。

忽那｜阪和商店街をつなぐボリュームのスタディはとてもよくできていると思います。ただ、宿泊施設と図書館、その他の導入施設の関係、その分け方が見えない。見る/見られる関係を、真ん中のヴォイドがつくっているように感じましたが、関係性をどうとらえましたか。

石川｜古い街並みというのは見通しがきかず、少し鬱屈としたミステリアスな空間であることが重要だと思っています。なので全部が上下でつながるというわけではなく、ある程度お互いが密接に囲まれるような空間を意識しました。

［図1］

## ID020 | 滋賀県立大学 | 石見春香（→別冊P16参照）
## 風土の再構築──淡路島縄文村計画──

**石見** | 建築は自然に対して大きな負荷を与えます。現在、淡路島は土の採掘場跡地という問題を抱えています。瓦、陶芸、埋め立て用の土の採掘によって自然が犠牲になる一方で、その代償となる行為を見出すことができません［図2］。自然から受けた恩恵を感じないまま、材料の採掘が進むと、淡路島の価値は失われていきます。そのことに、建築が応えることができるとしたら、それは自然からの恩恵にお返しをすることだと思います。

縄文人は1万年という長い歳月をかけて風土を守ってきました。しかし、人と森のバランスを考えた縄文人の知恵と努力による風土の形成は、いつしかなわばり意識や稲作の開始によって失われていきました。淡路島の棚田の風景は素晴らしく、人々の生活を潤した風土、産物ですが、少子高齢化や人口減少によってその風景を維持することが難しくなっています［図3］。そこで縄文時代のような稲作に頼らない生活を実現する村をつくります。

まず人を集めます。土着的な建築物をつくり、住まう、もしくは通う、そして持続的な森との向き合いのために森を管理するシステムを考えなおす必要があります。建築物は、採掘跡地の地形を生かし、できるだけ現状のまま、新たな採掘を必要としないものを考えました。

穏やかな傾斜が残る砂場の住戸タイプA。山の傾斜の強い竹林の中に存在している住戸タイプB。山を掘り起こした結果、花崗岩がむき出しになった場所に建つ住戸タイプC。すべての住戸は土でつくります。また、それぞれの住戸が広場を介して集合し、庭先から畑、村へと自分たちの環境の管理が徐々に森へ影響していくという意識を生み出します。

―

**羽鳥** | 建築と山の断面がありましたが、この住宅と土の関係は、本当に洞窟のように繋がっているのですか。それとも境界面があって地下水の侵入を防いでいるのか。その辺りのリアリティはどこまで追求されていますか。全体のストーリーはとても美しく、切実さがあってよいと思いますが、実際の建築はどうなっているのかよく分からなかったので詳しく聞きたいです。

**石見** | 土でつくるための構造的な要素を一番重視したので、水や湿度についてはそこまで考えていません。ただ、スタディの段階で土壁による蓄熱の効果などとの計測はおこないました。

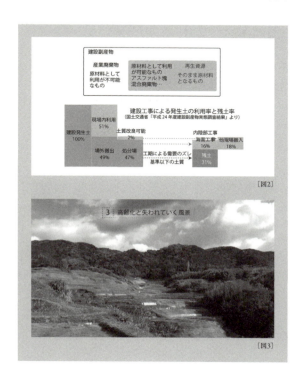

## ID027 | 京都大学 | 大須賀嵩幸（→別冊P12参照）
## $f^3$ ──次世代型自在展開式農場──

**大須賀** | 水耕栽培という土を使わない農業が注目されています。これによって農業を大地から解放でき、これまでの平面的な空間から立体的な3次元の農業が可能になるので、そのための新しいシステムを構想しました。まず、空間を最密充填するケルビン14面体と、空間を最疎被服する菱形12面体という二つの多面体を採用し、空間の効率的な利用、構成部材の最小化を図ります。各多面体にS、M、Lの3段階のスケールを与え、全部で6種類の温室を用います［図4］。また、大地にかわる新しい基盤としてエネルギーを供給するハニカムフレームを導入します。それを介して

多面体を繋ぎ、培養液や電力を供給します[図5]。このシステムを用いた3つのケーススタディを地球規模で考え、提案します。敷地は赤道周辺に限定することで、日照量を固定しています。具体的には、ケニアの難民キャンプ、シンガポールの高層ビル、ブラジルのアマゾン川流域です。

まずケニアのFabric-Farmです。この難民キャンプには30万もの人が暮らしています。この難民キャンプの乱雑さを反映するために、テントや街区の位置からボロノイ分割をおこない、形態を決定しました。またSサイズのユニットを用いることで、人の手で収穫できるヒューマンスケールの農場を目指しました。

続いてシンガポールのFlying-Farmです。シンガポールは農場が非常に少なく、国土の1%しかありません。ここでは200mの高さの既存のビルをコアだけ残して農場にコンバージョンします。外壁を鉄骨造のハニカムフレームに変え、サイズの違う菱形12面体をはめていきます。ここでは生鮮野菜や果物を栽培してシンガポール国内に供給します。

最後にアマゾン川のFloating-Farmです。アマゾン川原産のオオオニバスという巨大な植物を模した円形の水上農場を提案します。ケルビン14面体を3種類充填させるための特別なハニカムフレームを設定します。ここではアマゾンハーブを栽培し、研究するための施設を想定しています。アマゾン川流域では熱帯雨林の伐採が盛んで、10年間で1000万haの熱帯雨林が減少していますが、これによって熱帯雨林の減少を防げないかと考えています。

このようにシステムの内発性と、環境という外発性から、多種多様な農業の空間が誕生すると考えています。

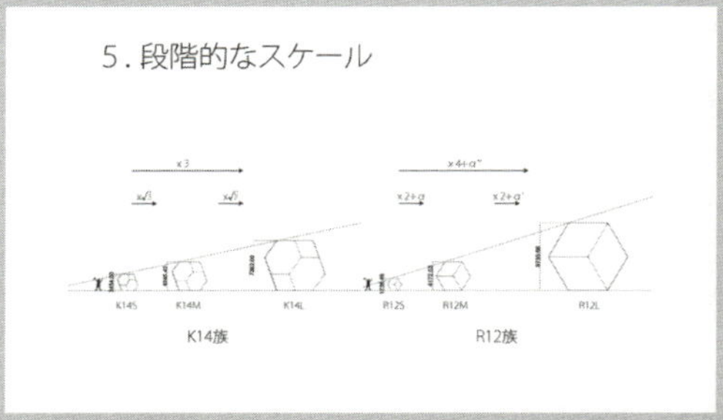

忽那｜シンガポールの提案は面白いと思いました。ただ、残りの二つが、周りを囲い込むようにして完結しているから、周りの環境とその二つの構造が周りの地域と関係をつくれると面白いと思いましたが、その辺はどうですか。

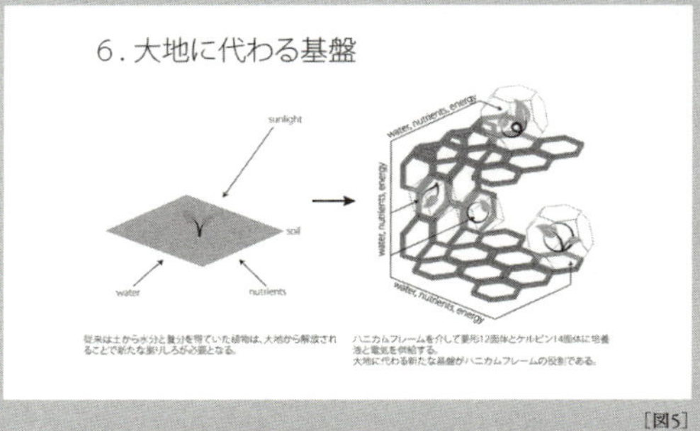

大須賀｜難民キャンプはもっと膨大に広がっていて、その一部分をスタディしました。全体につくってもよいかなと思っています。アマゾン川の施設は、オオオニバスを模しているので、アマゾン川流域にこれが群生していくというイメージです。

---

**ID080** ｜ 大阪工業大学 ｜ 洲脇純平（→別冊P18参照）
再起の術──竹林を介した山と人々の関係の再編──

洲脇｜敷地は岡山県瀬戸内市にある弘法寺の跡地です。寺は幾度か再編され、すでに本堂も焼失しています[図6]。周辺の環境も変化し、特に竹林は弘法寺の境内に大きく侵入しています。ここに支援施設の機能を併せ持つリゾート施設を計画し、土地を統合する建築を考えます。

まず、風景を創出する要素を構築します。かつて山道によってつながれていた要素が分散してしまった結果、森林との関係が失われました。環境変化を改善し、新たな風景へと再編するために、山を荒廃させている原因の一つである竹を構造体として、石の組積造とともに利用します。竹の構造はモジュールを決めることで、誰にでも組み替えることができるようになっています。

[図4]

[図5]

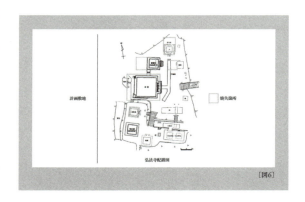

[図6]

竹は、5年ほどで構造体として使用できるまでに成長すると言われているので、周辺の竹林を5つのエリアに分けて管理し、1年ごとに伐採をおこない、5年で転換する建築を考えています。またこの期間は一度社会から切り離された人々がそのつながりを回復し、労働の価値を再発見するために必要な時間として位置づけています。

建物は大きく3つのエリアに分かれます。消失した本堂周辺の「エントランスサービスエリア」、弘法寺の山々の山頂周辺の「ヴィラエリア」、放置された竹林に位置する「はなれ・ホールエリア」です。エントランスサービスエリアは、本堂跡から斜面方向へセットバックしたところに建物を配置し、残された基礎部分との対比、また調和された風景をつくりだします。ヴィラエリアの建物は、山頂へ向かう道に対し直交するように配置し、その道を蛇行させることで、視線を左右に振り、周囲の山々や美しい風景を見ることができます。はなれ・ホールエリアは、山の峰を通る道に対し平行に建物を配置し、畑と隣接させます。3つのエリアは既存の道によってつながれ、点から面として山全体、地域全体の再編へとつながっていきます。

手塚｜この場所を選んだきっかけは。

洲脇｜個人的な理由なんですが、ここが祖父の家だったからです。

内藤｜竹の構造体の水平方向が二重になっていますが、どうしてですか。

洲脇｜モックアップをつくって、一本よりも二本のほうが節と節が重なり、下方向に落ちづらくなったからです。あと、寺の桟敷のような水平性を意識しました。

忽那｜何か「労働しろ！」って感じがするんだけど、このプログラムにはどのような楽しいことがあるのでしょうか。

洲脇｜これを組み立てるのは従業員です。彼らは社会から切り離されていますが、刑務所とは違い、ここに自主的にやってきます。日本では刑務所を出た後に、社会復帰のための準備をする場所がないので、この場所がそのような役割を担うことを考えています。

---

ID093｜立命館大学｜谷戸星香（→別冊P38参照）
融解する幻想―自然界におけるディナージーを手掛かりとした紙により導き出される微現象の表出―

谷戸｜私は自然界における多様な曲線美［図7］を導き出すことから、豊かな空間を創出するきっかけを考えました。ディナージーというのは自然が織りなす曲線美の豊かな振る舞いを生み出す普遍的なパターンの創造を指します。そこでまず、繊細に変容し、程よい強度を持つ紙を使ってスタディをおこない、様々な曲線をつくりだしました。これらの曲線をディナージーの持つ特徴を参照しながら分類し、その形態特性を維持、発展させるプロセスを検討し空間化しました［図8］。

結果として、樹上構造は雨の流れを、風紋は風と人の歩みを、螺旋は光と感覚のグラデーションを、懸垂線は重力を特徴的に表出する空間として抽出できました。この空間が図面に表記することのできない空間的な豊かさを生み、何気ない日常の中に新たな深みを与えます。例えば樹上構造は、流れを生み出すようなモジュールをフラクタルに分岐させ、雨によって生み出される立体的な領域をつくりだし、雨の音や匂いといった要素を空間に表出させます。

内藤｜形はきれいで面白いけれど、これは建築なのでしょうか。建築にはスケールが必ず伴います。とりあえず形の問題だけに集中したということですか。

谷戸｜リアリティのある空間のスケールを考えています。

手塚｜リアリティのあるスケールとはなんですか。

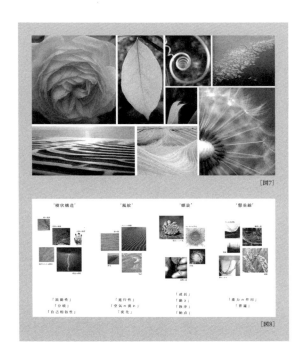

［図7］

［図8］

谷戸｜例えば、たわんでいる高さを人のスケールに合わせ、座ったり、腕をかけたりといった行為ができるように設計しています。

手塚｜それがきちんと表現されていれば、もう少しわかりやすいと思います。

羽鳥｜自然界にある形態でもスケールの問題は重要だと思います。ヒマワリの種の展開も、スケールにあった形態と強度の関係性で決まっているのではないでしょうか。だからまずそこを分析していかないと、形態と役割が結びついてこない。こういうものをスタディとして並べるのはいいけれど、この世界観ならではのリアリティをどこまで追求しようとしたかが、卒業設計としての迫力につながってくると思います。

---

**ID129**｜立命館大学｜廣田未紗（→別冊P56参照）
陶の棲家──個のからまりによる断面風景──

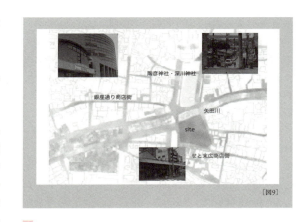

［図9］

廣田｜衰退しつつある伝統産業と、それを残そうとする人々が共存するための場を提案します。敷地は瀬戸物の語源となった愛知県瀬戸市です。かつては焼き物の生産にたずさわる多くの職人が行き交う場所でしたが、現在ではその活気は失われ、歴史だけが行き場を失っているように感じました。そこで、2つのシャッター商店街が交わり、この地に焼き物を伝えた人物をまつる神社の向かいを選び、設計しました［図9］。

私が考えた伝統産業の新しい残し方は「捨てる場をつくる」ことです。と同時に、それを砕いて再生します。それによってこれまでは点在していた、つくる場、売る場、伝える場、使う場の周密地点を生み出します。陶器の生産を、まず捨てる、そしてつくるとし、その工程システムとスケールに合わせて建物の動線を垂直に伸ばしていきます。一般の来訪者の動線を煙突コアの外側を練り歩くように通し、伝える場、使う場をその隙間に挿入します。処理場、工場のような大スケールから、窯業高校の臨時教室などの中スケール、陶器を飾る棚などの小スケールのものが絡み合うことで、陶器が生まれ、捨てられるまでのサイクルを可視化するタワーが、このまちのシンボルとなります。

忽那｜廃棄されるものを見える化し、その再生のプロセスを見せていく。そして、それを建築化することでまちを盛りたてるというのは、すごくいいなと思いました。逆に、分業・協業によって成り立ってきた瀬戸のまちですが、この施設によって産業の集積が進み、昔からの業者が廃業に追い込まれるという矛盾があると思います。そのことをどう思っていますか。

廣田｜私が敷地調査した時点で、分業化された産業形態はすぐにでも消失しそうになっており、それを救済するための建築をつくりたいと思い、あえて周密化させました。そこに人々が集まってくることで、まち全体に効果があるのではないかと思います。

忽那｜言うなればここをショールームにしてまちの人たち自身が、既存の街中の空間を利活用していくのか、ここ自体が分業・協業という状況をまちにつくり出すための施設なのかというのは全然違うと思います。

廣田｜そうですね。観光地としてのあり方を否定するつもりはないですが、これが一つの拠点としてあればいいなと思っています。分業化も周密化も、どちらも否定するつもりはありません。

---

**ID138**｜立命館大学｜舩冨勇人（→別冊P20参照）
都市と言う名の監獄

舩冨｜私は学生生活を送る中で、同じ時間に起き、同じ時間の電車に乗り、同じ場所に向かい、同じ時間に帰り、同じ時間に寝るという生活をずっと繰り返していました。ある時に、それが無意識でもできていることに気がつき、人は自分でいろいろなことを考えて行動するはずなのに、毎日の生活のリズムによって、自分本来の心を失って、時計中心の生活をしていると考えるようになりました。

時計は便利で、それがないと生きていけない。けれど、時計と自分本来の心みたいなものを両方意識するために、まず、心の部分を強調し、意識させようと思ったのが、上側です。この上側に一応時計みたいなものがあって、1日の太陽の動きや自分が考えた行動を繰り返し、下側の都市のビルは、時計がないと時間を考えられない部分として時計を意識させました［図10］。

まず、左側の方が都市の軸になりますが、都市というのは合理性を求めて、最短でいける距離ばかりで軸を取ります。自分の心を感じてほしい上側では、時計を意識せずに生活できるように、太陽の動きに合わせて、東から西という1日の生活のリズムをつくります。朝は東側で朝食を食べ、南側で昼食を食べ、西側で夕食を食べるというような、太陽に沿って動きます。都市側の方が縦方向の動きが最短で行けるという、時間を最短で行けるように、エレベーターなどが真っ直ぐ動くのに対して、上側はもっといろいろなものが動き、いろいろなものを見たり考えられるように、縦に真っ直ぐではなく、移動して動きながらの軸を考えています。壁は透けていて、時計のような時間を感じるだけではなくて、風や光、音が入ってくることで、時間を感じられるようにつくりました。

内藤｜ダンボールでできたこの上の空間が綺麗だなと、だから残しました。上の建物について、あまり説明がなかったんですが、こういう空間がつくりたかったとか、こういう風にしたかったということを説明してもらえますか。

舩冨｜もともと建っていたビルを解体し、立面を平面に、平面を立面に置き換え、縦軸と横軸をずらしてはめ込んだのがこの形になります。

羽鳥｜その形の操作と、さきほどの時間を感じる、感じないということの関係がよくわからないのですが、東側とか西側とか太陽の話は、その形ではなくてもできますよね。

舩冨｜できます。一応、東側から1日の流れがあります。下側はビルによって囲まれ、壁のようになっているので時計がなかったら、時間の流れを感じとることができない。でも上側は時間の流れを、周りの人が行動する音などからわかるようにしたいと思いました。

### ID155｜大阪工業大学｜持井英敏（→別冊P22参照）
百年地図。

持井｜敷地は私の生まれた広島県福山市の鞆の浦です。現在も残る歴史的な街並みは人気が高く、多くの観光客が訪れます。一方で、民家の老朽化が著しく景観の保全が課題となっています。また、まちの中心を貫く旧街道では観光客の自家用車による渋滞が発生し、まちの機能を麻痺させています。解決策として国が示した埋め立てによる迂回路の建設計画は、景観上の問題から住民の反対を受け、白紙となりました。景観保存においては、ファサードを書割のように保存しても意味はなく、その背後に生き生きとした人々の営みがなければ本当の意味で継承されたとは言えません。このまちの良さを継承し百年後にまでその活力を持続させるため、都市や建築レベルのアイデアと同時に、人々の活動そのものを構想し、かたちづくることが大切だと考えました。

そこで都市的な視点から人々の活動を受け止める器を設けます。一つ目は「交通の器」。鞆の浦の玄関口に遠方からの自家用車を受け止めるパーキングを設け、観光拠点として観光船の船着場を配置します。自動車交通を分散させることで街道における

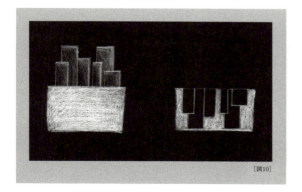

［図10］

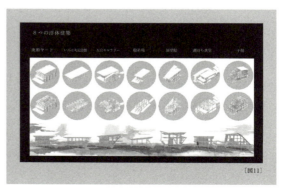

［図11］

渋滞を緩和します。海路からの新たなアクセスを整理し、まちに新たな印象的なアプローチをつくり出します。

二つ目に「観光の器」。海からの船着場、海や揚場とともに育まれた地場産業拠点街を構成する建築を建設する技術者の養成所、ならびに観光施設を設けます。敷地周辺は一般の住宅が建ち並んでいますが、空き家率は45％を超えており、浜が栄えたかつての面影は失われています。そこに観光の核となる学校や観光センターを配置しました。海沿いの建築は開放感を高め、潮の満ち引きによって上下し、海と交わります。街道からまち並が垣間見えることで観光客を誘い込みます。

浮体建築は8種類を計画しました［図11］。左から廃船を解体する廃材ヤード、歴史と文化を展示する記念館、左官ギャラリー、船着場と展望場、干場、というふうに地場産業を展開しつつ、観光的なプログラムを実施します。

次に百年間の年表です。老朽化した浮体建築は養成所の技術者が改築をおこない、百年先まで継続的にメンテナンスを実施します。まちに新しいアクセスと魅力を加え、生き生きとしたアクティビティを生み出し、まちの人々が環境をもり上げるシステムを構築します。そして、潮の満ち引きが領域に変化を与え、訪れるたびに景色を変化させます。

**手塚**｜船みたいな建築になっていますが、これは海に出て行きますか。

**持井**｜動くことができるように機械室もあります。町家が密集しているので、海側から眺めるという新しい風景を鞆の浦につくります。

**忽那**｜観光客の目的はなんですか。

**持井**｜鞆の浦の寺町や日常的におこなわれている漁業に触れることです。

**忽那**｜それが観光のツールになっているということでしょうか。観光が現状の課題を解決する、だからこの施設をつくるというふうに説明してほしいなと思います。

---

**ID001**｜大阪工業大学｜相見良樹（一別冊P8参照）
**ろう**

**相見**｜わが国では、社会の発展と同時に交通網の開発を積極的におこなってきました。結果、都市と地方に格差が生まれ、さらに縮小社会を向かえるなかで、都市部に近い地域はゆるやかに、遠い地域は急速に衰退しています。今回の計画地である琵琶湖とその周辺地域は、かつては湖上交通網によって人や物資が移動し結びついていました。しかし、戦後の陸上交通の発達とともに衰退し、湖国は急速に衰退しました。琵琶湖は今や巨大な空白として地域を分断しつつあります。また、格差とともに交通の便がよい湖南への移住を余儀なくされる人々が増加することも予想され、地域の中で育まれてきた自然・歴史・文化はよりどころをなくし、急速に失われています［図12］。そこで、この圧倒的存在感をはなつ琵琶湖をめぐりながら滋賀の魅力にふれるセカンドライフを提案をします。

琵琶湖で観光クルーズ事業をおこなう琵琶湖汽船という企業が、第2の暮らしの場を求める県外のアクティブシニア向けに「ろう」を運営します。この「ろう」には、セカンドハウスとしての居住空間だけでなく、余暇を楽しむ人々のためのレクリエーション施設も含まれています。移動するインフラとして、琵琶湖沿岸の地域の環境改善とポテンシャルの増大に寄与し、そこで暮らす人々の生活を豊かにします。各地域には24時間以上停泊することで、それぞれの地域の人々と「ろう」の住人が触れ合うきっかけをつくり、そのことが定住へのきっかけとなります［図13］。

また、「ろう」は各地域に接岸する際、地域のポテンシャルを

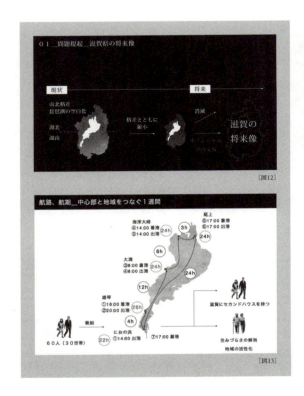

高めるだけでなく、地域ごとに必要とされる機能を特化するように配列を変えます。

　都市部からアクセスがよいにおの浜では、地域に伝わる膳所焼きや湖国で採掘される縄文土器、県内の美術館の作品を借り受けて展示するミュージアムを計画します。

　海津地域は、琵琶湖最北端に位置し、4kmにわたって春の桜が茂るほか、秋の紅葉、冬の雪景色といった自然景観の豊かな滋賀の景勝地ですが、近隣集落は湖岸道路と細い歩道によって分断され、地域資源を活かしきれていません。そこで2m前後の歩道を琵琶湖側に拡張することでアクセシビリティを改善し、自然と地域が一体となった建築を計画し、海津大崎四季折々の自然を利用した様々な劇場を展開します。

　また尾上漁港は1年を通して県内有数の漁獲量を誇るにも関わらず環境の悪化が深刻な地域です。そこで、尾上でとれる食資源をはじめ、他の地域の名産品も含めて滋賀の食文化の発信拠点となるマーケットを計画します。地域の高齢者を講師に迎え郷土料理のつくり方を学ぶ教室や、新たな特産品を開発するためのクッキングスタジオを設けます。2階では地域の名産品が販売され多くの人で賑わいます。

——

**手塚**｜これは船みたいに漂うのですか。

**相見**｜そうです。基礎に艀をつかっているため自走機能はありません。琵琶湖汽船の船が艀をけん引して地域と地域をつないでいくという提案です。

**忽那**｜住んでいる人と県外の人、また観光客の、交流・滞在の種類と時間帯を「ろう」というアタッチメントによってつなぐという、ものすごく面白い考え方だと思いました。南北問題を含めていること、東から見た比叡山を望む風景があるなど場所によって風景が変わるので、琵琶湖全体にこのアタッチメントを使っていくということができたら面白いと思います。

**相見**｜ありがとうございます。

**羽鳥**｜コンパクトシティの議論で、病院や図書館を巡回させるというのがありますが、その琵琶湖バージョンとして捉えるとおもしろいと思いました。琵琶湖というソースを使って縮小社会に答えるということかと思います。

**相見**｜移動式の病院が地域に来るだけでなく、いろいろな機能が複合することで接岸した地域の周りに住んでいる人たちがやってきて、祝祭的な空間が生まれる。それだけでなく、「ろう」に住んでいる人たちとの交流が生まれ、単に足らない機能を補完するという以上に、地域の賑わいを創出できたらという願いをこめています。

---

ID133｜立命館大学｜藤井伊都実（→別冊P24参照）
白鳥物語——エリアナ・パブロワの記憶——

**藤井**｜ヨーロッパの宮廷舞踊として生まれたバレエですが、日本でもこどもたちの習い事として浸透しています。しかし、欧米に比べるとプロ・アマ問わず環境が恵まれていないのが実情です。そこで、欧米からの文化の玄関口として発展してきた都市であり、そして日本バレエの母であるエレアナ・パブロアが最初にたどり着いたまちでもある神戸に日本バレエの未来のための建築を計画します。

　まず元町駅から雑居地を通り、メリケンパークに至るまでの地域に、バレエ教室、稽古場をプロットし、メリケンパーク内にはスタジオ、エリアナ・パブロワの功績をたたえた記念館を配置します。対岸には、エリアナさんが最初に踊ったと言われるオリエンタルホテルがあり、その先に劇場を計画します［図14］。

　記念館は雑居地の都市スケールのボリュームを結合して構成し、対岸の劇場は旧居留地の大きなスケールのボリュームを分割して構成します。記念館は、様々な隙間によって視線が抜けるようになっていて、バレエに関するアクティビティが都市へと開かれます。劇場は、各要素を分散配置し、その隙間部分でいろいろな過ごし方ができるようになっています。例えば、リハーサル場にカフェテラスが面し本番前の練習風景が覗けたり、バレエシューズの工場や、衣装製作場所が見学できます。一方、大ホール、中ホール、小ホールは舞台裏でつながっており、バレリーナの為の空間が用意されています。ここでバレリーナ同士の出会いが生まれ、それが新たな日本のバレエ界を支えるバレリーナの誕生につながることを意図しています。

——

**忽那**｜バレエというソフトの中心にパブロアの物語をきっちり乗せ、そこに都市との関係をつくることでうまく解けている。また、憧れの大ホールに対して、スタジオがあって、そこに市民が最初に関わる。そして徐々に演劇の世界のヒエラルキーを感じることができるように計画されているように感じます。

**藤井**｜雑居地には、バレエ教育の為の小さな稽古場があり、次にメリケンパークのスタジオに、海外から先生を呼んでおこなわれるワークショップや、コンクールの予選といったプログラムが入って

[図14]

います。そこから対岸の劇場を眺めることができるのですが、それによって憧れの劇場で本番を迎え、そこで踊るということも達の夢や、バレエに対する憧れを感じて欲しいと考えています。

手塚｜バレエにはどういう空間がいいと考えましたか。

藤井｜十字のスリットがありますが、そこでは暗い舞台袖から舞台に出た時のスポットライトを浴びる、あの光の空間体験のようなものを意識しました。スリットから入る光によって生まれる影と光の空間をつくっています。

## ディスカッション

### 大須賀

忽那｜効率的に造形される空間を地域ごとに展開する時には、エネルギー源をどうするかということも重要だと思います。すごくリアルな計画なので、そこに何かしら企画があれば教えてください。

大須賀｜難民キャンプの中心部は10メートルありますが、その部分は栽培に使えないので六角形ソーラーパネルをはめ込んで発電しようと考えています。

忽那｜最小単位の話にこだわりすぎている気がしました。今みたいに全体のパッケージの話があって、それを支える周りのインフラがあるというふうに説明してもらった上で、だからこの温室は最小単位で効率的なんですというふうに強調してもらえるとよかった。

大須賀｜細かいシステムの話と、環境との組み合わせでつくられているという部分がコンセプトになっています。

手塚｜単体としても成立するし、集合することで異なる次元の世界ができるという話だと強いと思います。

羽鳥｜ここで採用されている形態は、ある一つの合理性、つまり空間を切り取るという意味では合理的かもしれないけれど、建築の場合は幾つかの合理性が重なっていることが大切です。運搬、施工性、構造的な強度など多面的な合理性をつくり出すためには、他の選択肢もあったのではないでしょうか。

## 谷戸

**内藤** | この雨の履歴を写すという形、それから変容する風の形という対応がわかりません。どこまでが数学的な処理で、どこまでがあなたの感性なのでしょうか。

**谷戸** | 参考にしたものは自重構造、螺旋、懸垂線です。その特徴を現実空間に置き換えた時にこういう空間になるというのは私の感性です。そこから空間への発展は自動的におこないました。

**内藤** | 例えばこの「雨の流域を写す」という言葉を説明してくれる。

**谷戸** | 自重構造の持っているモジュールで、流すという特徴を持っています。それを空間にした時に、内部空間であっても雨が滴り落ちてくるということで、その音や匂いが繊細に感じられるような空間です。そのような雨の流域を空間に写したことを表現しています。

**忽那** | 4つにカテゴライズし、その中から恣意的に特徴を見出し、そこからさらに恣意的に建築をつくっている。恣意的な操作が重なっていて何をしているのかよくわからない。

**内藤** | つまりこの形は綺麗なんですね。なんでその形を選んだのかということを話して欲しい。

**谷戸** | まず最初に紙のスタディでできるだけ曲線をたくさん抽出し、その中から自分の美意識で選んでいます。

**手塚** | きっかけとしてこのスタディがあって、それ自体はとてもキレイだと思います。ただ望むべくは、人と関わるものとしてどういう場をつくっていくのかというところまで、どれか一つでいいのでつなげて見せてもらえるとよかったと思います。

## 持井

**忽那** | これは動いていますか。弛んでいく時間について問うのはとても素晴らしいと思いますが、風景にアタッチメントしていくという割にはこの動いているものだけでそれが可能なのでしょうか。もう一つは、観光ルートをつくるなど、あと一押、地域とつながる感じが出せたらと思いました。

**持井** | これは船のようにモーターで動きます。100年間のスパンで考え、次をつくるときに動き、観光客が来るたびに風景が変わっていく。古いものが押し出されていきます。

**忽那** | 無理やりつくるというのは少し傲慢な感じがするので、できればつくりたくなる仕組みやアイデアがあって欲しい。観光客が来ることで、建築も増えていくというストーリーでしょうか。

**持井** | これは50年をピークに解体し、その材料を用いて家を建てることで、素材が面的に広がるということを意図しています。

**羽鳥** | どのぐらいの範囲をこの建築は動くのでしょうか。スケールにするとかなり大袈裟だと思いまが、サイクルを考えた時にすごくオーバーアクションではないですか。

**内藤** | こういう提案の場合は、小さく始めるべきだと思います。例えば、この中の一つのパーツを提案して、将来こうなりますと示す。これだったらやってもいいなっと感じてもらう。いきなり大きな絵をつくると、君の中のイメージで鞆の浦が支配されるのではということになる。港の船を見ればどれも違う形をしているように、俺はあんなのは嫌いだというふうに隣の船が違う形になるかもしれない。

**持井** | 形が変わるのは問題ではないです。

**内藤** | だったら、そのシステムを純粋に提案したらよかったのではないかと思いました。

## 相見

**手塚**｜リタイアしたシニアが留まるのはすごくよいと思いますが、やはり建物がすごく大きい。この2、3階建てというのがイメージしにくく、ひっくり返りそうだなと思いました。もっとクローズアップして欲しい。本当はもう少し小さい単位で生活する場だったり、いろいろな機能があると思いますが、それらを一つひとつ小さく解いていくことで、もっとリアリティの感じられるものになるはずです。

**相見**｜転覆するという指摘については、階高を2,100-2,200mmに抑え、それに対してハシケの厚みは3,000mmぐらいで重さがあるだけでなく、艀同士は緊結されて繋がっているため転覆の問題はないと思います。

**羽鳥**｜軸組がすごく目立ちますが、外壁はどこかに入っているのでしょうか。

**相見**｜はい、入ります。この模型はほとんど軸組になっていますが、生活スタイルや、季節に合わせて外壁の設いも変化します。例えば夏はこの軸組フレームに網戸が張られ、冬には琵琶湖で取れる葦を使った厚みのある壁が建ち上がります。

**内藤**｜屋根がかかっていて建築みたいなんですが、どうして船ではダメなのでしょうか。もう一つの疑問は、なぜこのような（古びた）背景なのですか。新しい木材ではダメなのかというのがわからない。また、船が動くということにあなたはどういうイメージを与えようとしたのか説明してください。

**相見**｜まず、なぜ船ではダメなのかについてですが、そもそもこの卒業設計に着手したきっかけが、実は忘れ去られているけれども琵琶湖のポテンシャルは計り知れないものがあるのではないかということでした。それをベースとした琵琶湖での新しい暮らしを展開させたいと思い、湖上を漂う建築を提案しています。次に表現に関して、素材はハシケの上に成立するためにスチールや木材を使っています。それが徐々に風化し、新しいものが時間の中で醸成されていくようなイメージを表現しています。

**内藤**｜今回の卒業設計でいくつかそういう感じがあるんだけど、だいたいエイジングされていて、錆びてたり腐食しているますね。

**倉方**｜フェイクのリアルさというか、そういうエイジングしているイメージがまず初めにあるということですね。

## 石川

**羽鳥**｜建物自体はすごく迫力もあってよいと思います。ただ駅前開発として捉えた時に、これが誰のためにあるのかが気になります。このような施設は、容積の最大化が求められ、また必ずしもストリート文化に肯定的でない人も沢山いるはずです。つまりいろいろな好みを持っている人を受け入れるのが都市だと思うのですが、そのことについてどう考えていますか。それと、さきほどのエイジング問題につながりますが、プレゼンボードを見たときに建物がテーマパーク的なエイジングに見えました。出来上がった時に「びっくりドンキー」みたいに演出されたエイジング素材を使っているように見えるのではないかと思います。

**石川**｜天王寺駅はターミナル駅なので、待ち合い時間が他の駅よりも長く、周りの駅とも隔絶されています。そこでは一人ひとりが携帯電話をいじっているという状況で、かつてのまちの賑わいが失われています。そこで、まちの賑わいを新しく生み出す建築を提案しました。万人に受けるものと言うよりも、天王寺のこうした賑わいを一人でも多くの人に身近に感じてもらいたいと考えています。エイジングの話ですが、最近の周辺の再開発と対になるような表現を目指して、あえて汚れが染みついたファサードになっています。天王寺の街並みが持つ雰囲気が無意識のうちに建築の外装に出てきていると思っています。

倉方｜それが対ではなくて、ファミレスでいうと「びっくりドンキー」と「ガスト」くらいの違いではないですかということなんですが。

羽鳥｜具体的にどうやって汚すんですか。

石川｜鉄板のパネルで形成しているので、経年変化と共に、赤さびがでてくるようなイメージです。

手塚｜バーチャルなものとリアルなものの違いがすごく薄いという印象を持ちました。息子もマインクラフトが大好きで、コンピューターの中で構築しては、すごいでしょみたいな感じです。でも、実際に建築をつくる時はそんなに簡単ではない。一個一個に質量があって、全部積み上げていくということにすごくリアルな感じがある。そのリアルなものを積んだときの感じが薄いのかなと思います。

　建築をつくるってすごく大変だから、一個一個のモノをつくるときの論理、なぜ一番上の階が出っ張って一番下が引っ込んでいるのか、そういう一つひとつの論理をもう少し理屈を持って説明して欲しいです。これもモノコック構造ということですが、それがいかにも簡単に積み上げられているような感覚でできてしまっています。その辺がリアルになってくると、ずっと建築らしくなると思います。

羽鳥｜駅前の商業施設の単価というのは、美術館のおそらく通常の1/4くらいで、躯体はすごく安い。そしてたくさんの人を集めるための箱を最小表面積でつくり、看板と装飾で覆う。今回の提案のようなものを成立させようとした時に、前提条件というか、駅前の商業施設というものはどうやってできていて、どういう人が来るのかという分析が抜け落ちているように感じ、その批判点を鋭く突いていないと迫るものがない。単なるオルタナティブでいいのか、現在のリアルを書き換えようとしたいのか。SF的に見えるというのはそこですね。卒業設計は社会に向き合う第一歩。リアルからどのくらい学べるかには限界があると思いますが、そのリアルに対しての批判点が漠然としたものではなく、実際に店舗で買物をしたとか、生活の中で自分が納得いかなかったみたいなことから生まれていると、少し迫るものがあるのかなと思いました。

石川｜これはモノコックですが、一つひとつに小さな規格化されたL字の部材があり、チューブ状にのばしたりリング状につないだりと、同じパーツで様々な空間を形成していくというアイデアを考えています。

内藤｜そういうアイデアは専門的に批判しようと思ったらいくらでもできる。ただ、これはものすごく力作だと思います。この模型にしても、この断面パースもすごく一生懸命描いている。これだけ能力があるのだから、もう一発突き抜けて欲しいと思うわけです。もう一つは、まちづくりのロジックとか外部からの理由でその形を説明していますが、別の説明の仕方もあります。こういう空間の力強さはプログラムとか外的要因とは全く関係ないんですよ。純粋に建築的なイメージ。だから君の場合はそっち側の説明がよかったのかもしれない。大阪に欠けてるのはこれだ！って言った方がよい。

---

石見

羽鳥｜稲作をよいものとしないで、縄文人から学ぶという点がおもしろいと思いましたが、その辺と今の建築の関係を手短に教えて欲しいです。何を大事に建築をつくりましたか。

石見｜この敷地は元々棚田がありましたが、ため池が機能しなくなり、棚田もなくなってしまった。それで稲作ではない生活を始めたところです。けれど、実はそれは縄文人がすでにやっていたことで、彼らは農業をしないで自然に育った栗の木などで生活をしていた。なので自然に生えてくる植物などを食料として生活することも可能ではないかと考えています。

内藤｜最近、縄文人でもある程度の農耕をやっていたという情報が出てきているので、縄文人だから農耕しないというのは違う気がします。

## 投票

投票の結果、石川君、次が相見くん、大須賀くんという順番になりました。ここから1位、2位、3位を決めたいと思います。まず1番にしたという理由を順番にお願いします。

**羽鳥** | 相見くんですが、背景に着目し、それに対してスマートな解決だと思いました。またそれが琵琶湖に限らず、運河にも発展できるアイデアであることがすごいと思いました。模型もよく見るとかなりスケールが小さい椅子が置かれていたりとささやかな提案もあり、解決しようとしている建築との関係が非常にうまくバランスされている提案です。それが動いて変わっていくというダイナミックな転換を想像できたので、単に演出された不思議な提案ということに留まっていなくてよいと思いました。

**忽那** | 私は石川くんの天王寺の提案を一番にしました。ここが一つの劇場空間なんだということが一番やりたかったことで、そこはもっと強く言ってもよかったと思います。見る／見られる関係で違う具体性が生まれる。その辺は自分でももう少し空間をつくって、まちと利益を接続させながら、でもここはこのキャラでという話が表現されていることに好感をもったので選びました。

**手塚** | 私は羽鳥さんと同じで相見くんの作品を選びましたが、船を橋みたいにして巡りながら、祝祭空間じゃないけど、一時的な場をつくっていくというストーリーと雰囲気がよいと思いました。

**内藤** | 力技というか理屈に合ってるとは思わないんだけど、言葉で説明している以外のことがたくさん詰まっているプロジェクトを一等賞にしようということに僕はこだわりたい。やはり卒業制作なんで、綺麗に説明できる範囲のことは大したことではないですね。それ以外の説明できないことがどれぐらい詰まっているか、それこそ僕は若い人の表現だと思っているので、そういう意味の期待も込めて石川くんに票をいれました。

**倉方** | ありがとうございます。もう決めていきたいのですが、大須賀くんについては手塚さん忽那さんが2位の票を入れていますが、いかがでしょうか。

**手塚** | 卒業設計にはある種の狂気みたいなものが必要だと思います。自分なりの論理は組み立てているんだけど、全く人に理解されない、でもやってやるという思い込みってとても大事だと思っています。そう言う意味で、その解決のありかがケルビン14面体だと思い込み、農業社会を変えられるという理想を掲げている。理解はできないけど、学生らしい思い込みに票をいれたいと思いました。

**忽那** | いろいろ批判的に質問しましたが、それはとても発展できるアイデアだと思っているからです。それぞれの場所でモジュールを持ちつつ、効率化を図り、展開するというストーリーが好ましいと思いました。もう少し詳しく、とのような風景を取り上げたという話があるとすごくよかったと思います。建築と農業について一緒に考えていきたいと思いました。

**倉方** | 惜しくも4位以降ですが、竹の建築を提案した洲脇くんの案はどうでしょうか。

**羽鳥** | 模型は割と端正なんですけど、出来上がると結構荒々しい感じがあって、できたら近代を超えるとまではいかないけれど、少し違った空間ができるのではないかと期待しています。実物ができたら見てみたいです。

**内藤** | 私の研究室の出身で、ベトナム人のボ・チョン・ギアという建築家が竹の建築を設計しているので、竹については可能性があると思っています。そういう意味で、もう少し頑張ってほしいと思いました。これだけ竹林に困っていたりするので、竹の建築の可能性はあるはずです。

**倉方** | ありがとうございます。では、改めてまず3位が大須賀くん、それから2位が相見くん、1位が石川くんとなりました。今一度大きな拍手をお願いします。

1人3点、2点、1点を1票ずつ投票

| ID | 011 | 020 | 027 | 080 | 093 | 129 | 138 | 155 | 001 | 133 |
|---|---|---|---|---|---|---|---|---|---|---|
| | 石川 | 石見 | 大須賀 | 洲脇 | 谷戸 | 廣田未 | 舩冨 | 持井 | 相見 | 藤井 |
| 内藤 | 3 | | | 2 | | | | 1 | | |
| 手塚 | | | 2 | | | | | 1 | 3 | |
| 忽那 | 3 | | 2 | | | | | | | 1 |
| 羽鳥 | 2 | | | 1 | | | | | 3 | |
| 合計 | 8 | | 4 | 3 | | | | 2 | 6 | 1 |
| 順位 | 1位 | | 3位 | | | | | | 2位 | |

## 総括

内藤｜プログラムやまちの状況からの説明が半分以上になると少しうんざりします。何がやりたいのか、ということが聞きたい。学生であってもクリエイターである以上、そしてものづくりである以上、お前は一体何者だと聞かれた時に答えないといけない。その時に、自分以外の要素から、建築以外の要素から説明しすぎだと思います。まちや地形の話はあってもよいけれど、それが中心ではない。僕らが見たいのは、そういうものを突き抜けた執念だとか美しさ。卒業制作展に出すほどの意欲がある人には全てその可能性があると思うので、ここから先、もっともっと思考を鍛え上げ、世の中に出て新しい建築の地平を切り開いていってほしいと思います。

忽那｜みなさんお疲れ様でした。僕は拠点が大阪なので172案の内9割の場所はだいたい知っていました。場所の選定とかアプローチの仕方まではいいけど、そこからの解決にもう少しオリジナリティがあったらと思いました。ただ、単純におもしろい場所を見つけてきたなということにすごく感動しました。僕はランドスケープとかまちづくりをやっているので、人がどういうふうに関わって、自分だったらどういう関わり方ができるか、誰がどういう愛着を持って関わってくれるかというような小さいことから始めることが多い。ただ一方で、最初にドンッと大きく将来共有できる目標像を提案する必要があり、アーバンデザインなども考えますが、その時もそこに関わってくれる人に対する想像力が大事になると思います。それと、僕らがやっているまちづくりでは、大きな権限を持たされることがあります。そのまちがどう運営されて、どのように自治が起こるか、それら全部を含めて地域独自の新たな風景ができるのだと思います。気になった場所、好きになった場所と思いっきり関わって、これしかつくるものはない！という一案にたどり着く。場所とプロセスへのアプローチはよいので、最後に自信を持って「これしかないです！」と語ってほしいと思います。僕も今現在考えている課題ばかりだったりするので、みなさんと一緒に考える場所を実社会でつくっていきたいと思いました。

手塚｜みなさんお疲れ様です。震災の直後は、つくらないことが美徳であるみたいな状況がありましたが、みんなしっかりとものをつくって、構築することに意味を持ってくれていたのはすごく嬉しかった。ただ、まだ論理がついていっていない。建築をつくるというのは、クライアントがお金を出し、大工さんが仕事をし、ものすごい労働の積み重ねでできています。だからこそ建築家も考えて考えて設計しないと、関わる人達に失礼だと思います。なぜその建築が必要か、どうしてその形でなければダメかという論理を、もっともっと考えてほしいと思います。なんとなくいいなということは共有できるけれど、そこに至るストーリーにはもう少し詰めが必要です。ぜひ頑張ってください。あと、ものをつくるのは本当にエネルギーが必要なことなので、自分の思い込みもとても大事です。こうあって欲しいという強い想いで多くの人を巻き込まないといけない。正しいか正しくないかは分からなくても、情熱だけで進められるのが卒業設計。「誰も信じてくれないけど俺はこれでいくぞ」みたいな情熱で、みんなが「おお！」と思うようなものを目指してほしいです。

羽鳥｜みなさんお疲れ様でした。1、2、3位に選ばれなくても、ファイナリストに残った方たち含め、本当に力作ぞろいでした。中には表現が拙いものもありましたが、想いのこもった作品が多かったという印象です。今回は選ばれていませんが、流線形の建築、分かりやすく言うとザハみたいな造形の建築を最近の学生はつくらないと思っていましたが、そういうものがいくつかあって、さらにそれが観光地の問題と結びついていたりと、形をつくっていこうという機運が見えたのは個人的に面白かった。受賞した案は、設定されている問題意識はずいぶんと違うけれど、社会に応えようという真面目な話ですね。そのなかで建物を動かしてみたり、すごく凝った断面にしたり、実直に社会に応えようとするところにとどまらず、それ以上のことをしようとしている。先ほど内藤さんが言われていましたけど、説明できない想いが、模型やドローイングから垣間見えるものが残った。それがすごく重要なんだということは、忙殺されていると忘れがちなことなので、とても身につまされる思いで勉強になりました。審査していてとても楽しかったです。ありがとうございました。

倉方｜今回、審査員の先生方がすごく情熱的に講評をしてくださったのは、会場全体の172案が持つエネルギーによると思います。ただ、まだまだ説明が不十分なところもあります。審査員の先生方は一流の建築家、デザイナーなので、各提案の可能性を読み取ることができ、それによって評価されていたような気がします。一方で、一般の人に説明する言葉をどうやって獲得するかも重要です。ただ、提案の中にパッションは感じるけれど、言葉の中にそのパッションが見当たらない。私も学内の講評会などで感じていますが、学生が自分を出さない。だからと言って自分が無いかと言うとそうではなく、熱い想いを持っている。それを言葉にしてはいけない、自分を主語にしてはいけないと抑圧されているのではないかと感じます。だからもう少し「私は」と、はっきりと語ってほしい。そうすることで人は伸びていくし、社会に貢献していけると思っています。今日は本当に面白かったです。

## 座談会
# 複数の場によって生成される社会と私の立ち位置

内藤 廣×忽那裕樹×手塚由比×羽鳥達也×倉方俊輔[司会]

### 社会に自分がどう向き合うのか

**倉方** | まず、今回の審査で気になった傾向などがあればお伺いしたいと思います。

**内藤** | なんか振り切れていない感じがしました。バッターボックスで思いっきり振っている人はいないのかな。みんな当てにいっている。それは要するに、自分以外のことから自分を説明するということです。他者によって自分を規定するような設計の方法なんですね。日本は状況が落ち着いている時代だから、その状況だけを前提にしてものをつくっていくと、そこそこのものしか出てこないと感じています。そういうことは学生もよく考えるべきだと思います。

**倉方** | 忽那さんいかがですか。

**忽那** | みんな現在のこの社会に自分がどう合わせていけるのかという話からスタートしているものが多いと感じました。この人はどうで、あの人はどうかと。いわばオールターゲット化してしまっている。

**倉方** | 最初から住民説明会みたいですね。

**忽那** | 僕は、プロジェクトに際していろいろな人に話を聞くのは、決して説明のためだけではなく、自分がここで何をやりたいのか、その沸き起こるものを見つけるためだと思います。そしてターゲットが決まれば、そこに真摯に向き合う必要があります。最初からオールターゲットにすることで、この人もあの人も賛成する話でまとめあげようとするのはどうかと思います。設計の過程で説明できるようにしなさいという横槍が入りすぎているのかもしれません。結局、いいところを引き伸ばしていくという教育になっていないのでしょうね。

**内藤** | 伸ばす、という感じではないですね。

**羽鳥** | でも、例えば外国人建築家がワイドショーなどで揶揄され、民意が重視され、世の中全体で前に出ようとする人たちを叩きのめしているような状況を、彼らはまじまじと見ている。主観的な説明を、社会に対してすることが本当によいかと悩んでいると思います。

**手塚** | 自分の表現を突き詰めることが、社会には受け入れられないのではないかと感じている可能性はありますね。でも、建築はすごくパーソナルなところから説明していかないことには絶対にいいものはできない。

**倉方** | 先ほど「伸ばす」ということがでましたが、現在は社会が個人の表現を認めないという風潮です。そこで我々大人は、どのようにしたらそうではないと言えるのでしょうか。

**内藤** | 難しい話ですね。かつて林昌二さんが「その社会が建築をつくる」と言われました。林さんとは最晩年に親しくさせていただいたのですが「その社会が建築をつくる」と言う時の「その社会」がすでに壊れているのではないかとご本人に伺った記憶があります。すでに社会が目標を失って、何を頼りにつくっていくのかと。社会は欺瞞に満ちていて、「その社会」とは言えないのではないか。そうなると「私」という問題に帰ってこざるをえないと思います。

### 1.5人称の曖昧な私

**羽鳥** | 社会にもスケールがあると思いますが、クライアントとユーザーだけに限った社会の中では、そこにどう答えていくのかという話にクローズアップしてしまい、カスタマイズされすぎた結果、逆に社会性がなくなっていくという難しい現実もあります。

> 社会は欺瞞に満ちていて、「その社会」とは言えないのではないか。
> そうなると「私」という問題に帰ってこざるをえないと思います。——内藤

> でも、建築はすごくパーソナルなところから
> 説明していかないことには絶対にいいものはできない。――手塚

手塚｜そこはクライアントが成長、成熟しないと難しい。本当は建築家だけでなく、クライアントの教育ということが大事だと思います。その分、建築家もしっかりしないといけないわけですが。

内藤｜今はほとんどの企業が、四半期決済がどうだということに一生懸命で、それでポリシーだとか文化を持てるはずがない。

忽那｜どこもコンプライアンスで、できることの範囲が決まってしまっている。一方、最近「もうこのままだとダメだ」と言っている地方都市は、都市間競争で自分たちの独自性をどうやって出すか、本当に首長主導などで取り組んでいる。そこでは、新しい方法で人をどうやって選ぶか、どうやって組織を選ぶか、そこをどう設計するかという、プロジェクトを進めていく新たな仕組みづくりが重要視されています。人や文化地域の魅力を引き上げる仕組みと、生まれた新しい価値を社会に反映した時の責任の範囲を明確にするコンプライアンスの考えと共に提案していくことが求められている。しかし、そうできない現状を抱えている状況の方が多く、それでは、ずれを感じつつもいつもの手法しかできませんとなるだけで、10年スパンの戦略的な風景づくりなどは到底できません。

内藤｜そういう大人の現実を、学生は感じ取っているんだろうね。

忽那｜シンガポールなど新たな都市の取り組みをおこなっている地域では、都市計画やデザインにおいて、新たな公共性を支える条例や法律が整備され、発注の仕方についても新たな仕組みを考えている。その辺は僕らも勉強しなければと思っています。こういう選び方もあるということから、戦略を決められると思います。従来の企業形態などとしか評価できない仕組みだと、やはり全てを従来の方法で説明するという話になります。評価の基準を多様化させるということを社会に定着させる必要がありますね。

倉方｜オーナーと向き合うことが実務的なのだとすると、コミュニティのように小さな世界では、社会全体では不合理に見えることが成り立つこともあるということですね。つまり実務的であるということです。「地域で実はそういうことが必要とされているんです」ということを多少大きく言っていかないと、今の時代「声を出してはいけないんだ」となるので、こちら側の責任も大きいですね。

内藤｜7、8年前に大学で写真家の藤原新也さんに講演してもらいました。そこで、藤原さんが「1.5人称」というおもしろいことを言われていました。つまり「僕的には」ということなんですが、「僕的」というのは「僕」、つまり1人称ではなく、しかも「誰か」という2人称でもない。1.5人称なんですね。「僕的には」「私的には」というふうに、敢えて自分を曖昧にして身を守るということですね。

倉方｜先ほど内藤さんが言われた「自分というものを他人の言葉で説明する」というのは、その話の延長上にあるのですね。つまり他者性がない。そもそも「私」がいないのだから「あなた」もいなくて、全てがぼんやりと同じ世界しかない、ということでしょうか。本当にもう他者性とするのが問題にならないくらいに他者という概念がないのかもしれません。

内藤｜この状況を突き抜ける人が、次の時代を背負っていくんだろうね。

### 人工的につくられる「自然な感じ」

羽鳥｜それから雑居ビル系というか、そういうものが最近多いですよね。綺麗なダイアグラムを前面に押し出し、その構成で勝負するようなものです。添景などを除いたら割と普通なのかもしれないですが、やたらと添景が多くてエイジングされている。それが、駅前にあるのか、商店街にあるのか、住宅街のどこかにあるのかといったシチュエーションの違いだけなんですが、やたらと情報量が多い。

手塚｜巨大構築物をつくるというよりは自然発生的なものを、しかも自然発生的でありながら人工的につくるという印象があります。例えば、小さな空間の積み重ねで大きなものを解く、そういうものが増えている。

倉方｜内藤さんが指摘されていたゲームの世界のような素材の汚し方とか廃墟感は、確かにそうだなと思いました。

手塚｜本当にそうですよね。こどもたちが遊んでいるゲームの中の世界みたいに、妙に古びた感じが新しいものの集積でできている。ディズニーランドとかにもそういうところはありますね。

内藤｜知らない間に刷り込まれているんだろうね。

倉方｜自然な感じというのが人工的につくられているというのは、最近の商業施設でもそうですね。アメリカのポートランドという都市がブームなのはまさにそういうことで、エイジングされた木材でザクザクとつくる。それを量販店とかがすでに取り入れている。ツルツルで均質なものはダサいというのは皆感じている。バーチャルな世界

のテイストがリアルのエイジング感をつくりだしている。「ハルカスではない」という選択自体がそうした商業主義に取り込まれているのに、自覚すら持てていない。ガストに飽きたからたまにはびっくりドンキーに行くということと変わらない。同一平面上での好みの話でしかないんだということを感じて欲しい。

**手塚** | エイジングが表層的なスタイルにとどまっていて、スタイルを変えればハルカスの逆になるというような幻想があるような気がしました。

## 未来に突き抜ける構想力を

**内藤** | 必ずしも自覚できていなくても、そこに怒りのようなものがあればいいなと思ったんですけど、それもない。

**倉方** | それだと本当にディベロッパーと同じですね。既存施設との差別化を図るために、次は20代後半の男子向けのデザインを採用しましょうという。

**内藤** | 怒りみたいなものがあれば、もう一段プロジェクトのレベルが上がるような気がします。

**倉方** | 怒りの瞬間というのは何か未来像がそこにあるわけではなく、でもだからこそ他者の未来に突き抜けることが可能になります。それこそ建築家の構想力とか、ものをつくる力です。でも今は怒りすらも最初から抑圧されているのかもしれません。目的のないことを言ってはいけないとか、対案をすぐに示せと言われる。とにかくやるんだ、と言ってはいけない。

**羽鳥** | それと、いろいろな情報を短期間で入手できてしまうから、ある情報に一瞬向き合って何かが残ったとしても、別の意見をすぐに知ることになって、こういう考え方もあるんだなと情報が偏らないという状況だと思います。

**手塚** | すごく真実が見えにくくなっている。情報量が多いからね。そして、世の中に流れている情報を疑って動く人が少ない。表面に出ているもので大丈夫ということにたいする怖さはありますね。

**内藤** | でも、すごくよく解釈すれば、こいつらはじっと世の中を見ていて、次どうしようかと思っているだけかもしれない。

**倉方** | 状況が変わるまでその想いを保存しておいて欲しいですね。いざ開けたら腐っていた、というのが怖い。世の中の表面とはうまくやりながら、想いの出番を待ち続けてほしいです。

## アイデアを自分化する

**内藤** | もう一つ、僕は次のデジタル世代がどうなるかということが気になる。今の技術は5年後には一昔みたいな世界なので、その時にどのような表現が出てくるのか。

**倉方** | 今日もパターン分析したり、アルゴリズミックな形態生成とか、デジタルな技術を使ったものがいくつか一次審査には残っていましたが、最終的には残りませんでした。

**羽鳥** | さきほどの審査の中で、どのようにしてケルビン14面体にたどり着いたのかを聞きたかった。よくある数学の知識とか、ボロノイ図とかは、かなり以前から発見されているので、実際にどういうことに使われているのか、どう社会の中で利用されているのかを調べてほしかった。そういうメタなものは、図式の中だけでどういう役割があるか、どういう特徴があるかというふうに捉えがちですが、生きている情報として役立て方があるということを大事にしてほしい。アイデアを自分化することで、聴く人に納得感を与えることができると思います。

**倉方** | つまり「やってみました」で止まっている。

**手塚** | 情報が多いことで自分化するのが難しいのかもしれませんね。簡単に情報が見つかって、自分の中の判断基準がなくても、うまくいきそうと思える。そういうところでものが動いている気がします。実際にそれを積み上げてみると、それなりのものができるし、なんとなく理由が付いているようにも見える。だから、立ち止まって深く考え、自分化する必要を彼らはそれほど感じていないのかもしれませんね。

**羽鳥** | コンピュータというのは結局、点か線なんです。還元されるのが点で、それを結ぶのが線。点と線の関係性でどういう図式をつくるのかということをコード化していくわけです。それ自体は新奇なアイデアということではないですね。なぜなら計算式で書けるものしか、描けないから。結局そのコードが実物とどういう関係にあるかというところが面白いかが大事になります。コンピュタライズされていることそのものが面白いということはまずない。

## 多様な場としての社会

**倉方** | 忽那さんから見て、こういう分野がまだまだ取り組まれていない、可能性があるということはありますか。

**忽那** | 二つあります。僕は建築の教育が妙に偏っていると感じています。もう少し各自の多様性を認めて、つくるのが巧い人、グループ内の調整が上手な人、意思決定のツールを出すのがうまい人というふうに、評価の基軸を多様化し、皆が大企業を目指すという

話ではなく、自分はこの個性をもっと伸ばすんだというふうになれればいいと思います。

羽鳥｜評価軸はいくつか用意したほうがよいでしょうね。

倉方｜今の話は、その場ごとに評価が違うということですね。「社会」というのはそうした場で成り立っているものの全体に対して、仮に与えた名に過ぎない。社会なる均一な場があり、その中では共通の評価軸があるのではないということです。その場ごとの役割、地域によって評価軸が違うということを、もっと大人が伝えていくことも重要だと思います。

忽那｜二つ目は、僕自身がグループ課題をつくる立場にあるのですが、プレゼンテーションの機会を、商店街の店主に向けておこなうもの、行政の職員に来てもらうものというふうに、いろいろと用意しています。意思決定のプラットフォームが違うと活躍する学生が変わるんですね。だからできるだけ社会に近いところで、こんな生き方、稼ぎ方があるという実例を見せたほうがよいと思います。総合力としてのリアルな建築を学ぶと、それはいろいろなところに使いまわせる。建築をつくるだけではなく、建築的論理構成がある種の統合学として、今の社会にとても必要とされている。行政とか民間企業に関係なく、今求められているのはそういう人物だと思います。

手塚｜世の中の多様化とともに建築家の役割も拡大していますが、まだまだ普通の建築家像が脚光を浴びている。もう少し多様な建築への関わり方があるということをわかりやすく伝えることができたらよいですね。

忽那｜今回も場所を見つけるのが上手な学生は多かった。ただ、現地でそこに関わろうとしてヒアリングをする時には、自分が本気を出さないと相手も本気を出さないんですね。そうしていろいろな話を知って、リアルなところで環境自体を肉体化したうえで提案、設計に向かってほしい。

手塚｜ポイントはあっているけど、そこに自分のストーリーを出していくことに対してすごく怖がっている、というか出してはいけないと思っているのではないでしょうか。竹林のプロジェクトでも、なぜそこにしたのかと聞いたらお祖父さんが住職をしていたことを「個人的な話だけど」と否定的な感じで説明していましたが、実はその個人的な話がものすごく面白い。

倉方｜個人と社会は対立するもので、人間が社会化するというのは、そのぶん個人を減らしていくことだと捉えているのかもしれませんね。実際にはそうでなく、社会は多様な場で成り立っていて、そこには個が必要とされています。

### 社会に対するセンサー

内藤｜教育の現場にいた時に思ったんですが、僕らは情報量は多いけど社会に対するセンサーは歳とともに鈍っていきますよね。でも若い人たちは、情報量は少ないけれど、自分の未来、世の中どうなっていくかについてのセンサーは、僕らの10倍100倍の能力を持っている。それを大いに働かせてくれれば大丈夫だと思うので、あまり悲観はしていません。

羽鳥｜自分で学習して、それによって話していることと、そうではないことが彼らはまだ未分化なんですよね。

内藤｜そこを言語化できると表現の回路が開けるかもしれない。

倉方｜そのセンサーによって動いた感性を言語化していくことで自分らしさが鍛えられるというのは、正当な回路ですね。自己と他者を行き来することが、昔から「社会に役立つ私」を築き上げる、大人になるというストーリーです。個を失うことが社会化することではないわけです。

羽鳥｜いやらしい動機でもなんでもよい。それをどう結び付けていくかというその関係性ですよね。

手塚｜建築は、自分が幸せになる場をつくりたいという欲求の積み重ねによってできているものだと思います。まず自分が幸せにならなくては他人も幸せになれないということを、みんなにわかってほしいです。

倉方｜それが社会化の第一歩ということですね。ありがとうございました。

---

結局そのコードが実物とどういう関係にあるかというところが面白い。——羽鳥

建築的論理構成がある種の統合学として、今の社会に必要とされている。——忽那

## 審査総評
## AI、VR、LINE──未来の歴史から
倉方俊輔

　アイザック・アシモフというアメリカの小説家がいる。SF（サイエンス・フィクション）小説というジャンルを切り開いた代表的な作家の一人だ。作品としてはロボットシリーズや、ファウンデーションシリーズが有名である。それらも面白いのだが、シリーズからはやや孤立した『永遠の終り』（1955）という小説のことを最近、よく思い起こす。中学生の頃に1度、読んだきりなので記憶が誤っているかもしれないが。

　今年は「AI元年」であり「VR元年」である。すぐに古くなってしまうジャーナリスティックなキャッチフレーズをここに書きつけて、2016年という歴史性を刻みたい。

　2つの言葉は、象徴的な2つの出来事が新聞やテレビで大きく報じられたことで、人々に知れ渡るようになった（未来の人よ、2016年にはまだ新聞やテレビというメディアが影響力を持っていたことと、日本語で報じられて初めて多くの人が知るという状況にあったことを理解してほしい）。

　一つは、「アルファ碁」（AlphaGo）。アメリカのIT企業であるグーグル傘下のディープマインド社が開発した囲碁の「人工知能」（Artificial Intelligence; AI）で、2016年3月、世界で最も強い棋士の一人である韓国のイ・セドル九段と対戦し、4勝1敗で勝った。チェスや将棋ではコンピュータが人間を破っても、囲碁で人間に勝つのは当分、先だと考えられていた。可能な局面の数が多く、一手の良悪が判断しづらいからである。だが、後発のディープマインド社が一気に状況を変えた。自己学習によって概念の束を生成できる「ディープラーニング」と呼ばれる手法が、それまでのような人間が逐一、定石や概念や価値基準を覚え込ませなくてはいけないというAIの限界を超えるものであることを、囲碁で勝つという分かりやすい方法で証明した。印刷術やコンピュータの発達によって、記憶力が人間らしい能力とはみなされなくなった。それと同じようにAIが、これまで人間の「勘」と称されていたものの大部分を代替するようになった時、創造力の人間らしさは、どう再定義されるのだろうか。

　コンピュータと人間の新関係を印象付けた「GO」がもう一つある。「ポケモンGO」だ。これも後から来て、ぐっと抜かしたことで、一部で知られていたテクノロジーを社会の表舞台に上げた。2016年7月6日にアメリカでリリースされた位置ゲームである。7月22日には日本でも遊べるようになり、この原稿を書いている今、ポケモンをゲット中の人が街をさまよっている。それまでソーシャルゲームの流れに乗り遅れていると思われた任天堂が人の流れをつくり出し、ゲームをトップニュースにした。これは正確に言えば、任天堂のアプリではない。制作したのはグーグルでGPSを活用した社内事業から始まったナイアンティック社で、任天堂は同社に出資している立場だ。また、現実と実質的に同じような体験をつくり出す「バーチャルリアリティ」（Virtual Reality; VR）ではなく、現実の光景にデジタル情報を重ねる「拡張現実」（Augmented Reality; AR）と呼ばれるものである。それでも私たちが画面を覗き込み、眺めていたものが、私たちの周りに存在すると思えるようになったという変化は大きい。すでにドットの荒さの中に、あるであろう世界を想像する必要はない。現実の光景がふとフィクションのように歪む瞬間を夢見ることもない。私たちが持つ行動の自由を、変化と統一に富んださまざまなキャラクターが押し立ててくれるのだ。多くの才能と金銭が投資されたそれらに比べれば、自分というたった一人による想像力の産物に、何の意味があるのだろうか。

　ここまで書いてきたのは、Diploma×KYOTO'16の審査の時点で、まだ起きていなかった出来事だ。しかも、建築と直接の関係はない。実際、最終審査に残った卒業設計は、すべてが特定の地域に深く関わったり、自分の内面を追ったりと、自らの想像に基づいて形を創造していた。そこにはAIやVR、ARの片鱗も見ることができなかった。

　20世紀前半、様式主義からの脱却を主張した批評家は、産業革命の進展に伴って機械の力、科学の力、実証の力が世界を変えていった19世紀に、建築だけが過去の様式を踏襲していたことを批判し、モダニズムを正当化した。彼らが言ったのと同じような奇妙さが、今の社会と建築との関係に見出せないだろうか。特にわが国の建築界は、学生も教員側も旧態依然たるやり方に

閉じこもっている。近年、社会からのさまざまな批判にさらされているのも、このようなズレと無縁ではない。Diploma×KYOTO'16の審査が突きつけているのは、日本の建築がもっと社会化し、デジタルシフトを遂げなければならないという事実だ。

ということが言いたいのでは、もちろん、無い。審査後の社会に顕在化した状況は、最終審査に残った作品にも、ひたひたと迫っている。それを審査員も捉えている。

分かりやすい対応よりも、おそらく影響関係は深い。19世紀の様式折衷主義が、社会が要求した実証性への対応であったのと同様に、時代の潮流の表れは分野によって異なる。内藤廣は審査中、やや唐突に「ところで、君はゲーム好き?」と学生に問いかけた。素材感が、最終審査に残った作品で目立っていた。ザラついた模型の質感は、作品が建つ場所性と結びつけられた。それはすべてを一様する社会の力と対峙して、一人一人の人間の息吹と行動を護るものとなるわけだが、そんな説明にうなずきながら感じていた違和感が、言葉になった瞬間だった。「ゲームの中にあるような現実らしさ」という形容は、単にプレゼンテーションに当てはまるだけではない。内容にも言える。「現実」を扱って、ザラザラなのにツルツルしている。想像力が綺麗に収まって、危険も悪も、死ぬことも無い、ゲームのような感触がある。コンピュータの処理速度が上がったことによって、一様でない表面処理ができ、多様な場も扱えるようになった。同様に、人間の処理速度も上がったのだ。もちろん、学生は真摯である。アイデアは何かの真似をしたものではない。設計とプレゼンテーションに、時間と体力を注ぎ込んだことは一目瞭然だ。やり切るという意思の力、設計を進める喜びが無くては、これほどの成果にはならない。そのエネルギーを賞賛する。心から応援したい。

『永遠の終り』の舞台は、タイムマシーンが発明された未来である。時間を超えられるテクノロジーが発明されたということは、次に何が起こるか分からない小説の中の時間も消滅するということだ。全てがつながったとしたら、未来も過去もない。主人公は「エタニティ(永遠)」という名の時間パトロールである。任務は数十万世紀を行き来しながら、将来に破滅を引き起こす可能性がある芽を事前に摘むことだ。自らを、あるいは自らの生存を危うくするような破滅的な悲劇は、あらかじめ避けられている、それ以外の揺らぎは許容されている。したがって、自由意志による行動で、人間という種族は未来永劫、幸せに暮らすはずである。しかし、不思議なことに、ある時点から人類は減り始める。「永遠」がどう介入しても、なぜかそれは避けられない。すべてがつながり、透視された世界における唯一の謎。小説はこの謎をめぐって展開し、やがて終わる。人類はあらゆる可能性へと踏み出す。表題が示す、決定的な出来事によって。

今、想像は解き放たれている。創造は賞賛されている。正義は追求されている。おそらく、それが敵である。あの日、Diploma×KYOTO'16で受けたのは「想像と創造が先取りされている」状況に、私たちはすでに取り囲まれているのではないかという、少しゾッとする感覚だった。どうすれば良いのか。『永遠の終り』ではラインを切断した。最適化を避けたのである。

審査員による座談会では「怒り」という単語が用いられた。知らずに、誤る可能性の芽が今、摘まれている。常にオンラインであること、を切ることが大事かもしれない。テクノロジーの潮流は、不可避的だ。しかし、オートマティックに進むのではない。AIを飛躍的にした個人がいる。そうした現代の状況が、一生懸命に取り組んだ建築学生の卒業制作から伺える。そして、それを見通せたのも、建築家である。半世紀前に作家が状況を小説で先取りしていることも、これに加えていいかもしれない。どこまで行っても人間がつくる未来なのである。

でも、そんないい話に安穏としていてはいけないと思うのだ。ラインを切るとは、ネットやつながりから時に身を引き剥がすことだけではない。物事をまるで「終り」から見るように俯瞰することの「終り」でもある。そんな決まったラインなんてない。人間はスタンドアローンでも機能できる知性だと時に再認識することが、意外と困難な、現在の人間らしさかもしれない。

> ラインを切るとは、ネットやつながりから時に身を引き剥がすことだけではない。物事をまるで「終り」から見るように俯瞰することの「終り」でもある。——倉方

# Day 2

2月28日[日] 10:00–17:00
関西にゆかりのある若手建築家による講評

[テーマ]
暁――あかつき――
夜が明けようとするころ　一日目よりも近しい星を前に、自分の行く道がぼんやりと見え始める

山口陽登氏、小松一平氏、河野桃子氏、高栄智史氏の
4名を審査員を迎えての2日目の審査会。
午前中の巡回審査では学生と審査員が直接対話する場面も見られた。
その後の一次審査を経て選ばれた10作品が、
午後からの公開プレゼンテーションに臨んだ。
司会は上園宗也氏が務め、模型の前で熱のこもった
ディスカッションが繰り広げられた。

# 一次審査選出作品一覧

※はファイナリスト選出作品

## 山口氏選出作品

| ID042 | 神山貴成 | 大阪工業大学 | 100からなる建築 |
| ID043 | 川井茜理 | 滋賀県立大学 | とんまか――もったいない空間と人との関係を再編する商店街――※ |
| ID045 | 河北 諒 | 立命館大学 | リサイクルリノベーション |
| ID073 | 獅子島啓太 | 京都工芸繊維大学 | 架ける建築――木密地域再生計画―― |
| ID106 | 中村勝広 | 大阪大学 | 幻影※ |
| ID128 | 廣田貴之 | 大阪工業大学 | ツギハギ――「貸す‒借りる」の関係が編むまち※ |
| ID129 | 廣田未紗 | 立命館大学 | 陶の棲家――個の絡まりによる断面風景―― |
| ID149 | 松田直子 | 京都女子大学 | ビオトープに暮らすコミュニティ計画 |
| ID156 | 森 愛子 | 立命館大学 | 硯のサナトリウム |
| ID162 | 山岡大樹 | 滋賀県立大学 | 垂直階層都市 |

## 小松氏選出作品

| ID001 | 相見良樹 | 大阪工業大学 | ろう※ |
| ID027 | 大須賀嵩幸 | 京都大学 | $f^3$――次世代型自在展開式農場―― |
| ID030 | 大前 敦 | 立命館大学 | 降り注ぐ葦の階調――町と自然を紡ぐ―― |
| ID032 | 奥田まり | 武庫川女子大学 | Surrealism Architecture |
| ID042 | 神山貴成 | 大阪工業大学 | 100からなる建築 |
| ID047 | 川本 稜 | 京都大学 | Spiral Extension――無限成長美術館―― |
| ID055 | 草薙竜市 | 大阪芸術大学 | 地図にのこるもの、のこらないもの、※ |
| ID075 | 嶋原史織 | 京都女子大学 | 木漏れ日に集う――terrace theatre―― |
| ID093 | 谷戸星香 | 立命館大学 | 融解する幻想――自然界におけるディナージーを手掛かりとした紙により導き出される微現象の表出――※ |
| ID094 | 田原迫はるか | 京都大学 | うつせみの――知覚する身体のための建築：モーリス・メルロ＝ポンティ ラジオ講演1948年より――※ |
| ID128 | 廣田貴之 | 大阪工業大学 | ツギハギ――「貸す‒借りる」の関係が編むまち※ |
| ID129 | 廣田未紗 | 立命館大学 | 陶の棲家――個の絡まりによる断面風景―― |
| ID155 | 持井英敏 | 大阪工業大学 | 百年地図。 |
| ID162 | 山岡大樹 | 滋賀県立大学 | 垂直階層都市 |

## 河野氏選出作品

| ID008 | 池田みさき | 神戸大学 | 君と共に――滞在型産前・産後ケアセンターの提案―― |
| ID015 | 板倉彰吾 | 大阪大学 | 時を編む※ |
| ID034 | 陰山千夏 | 立命館大学 | 老いと生きる学び舎――超高齢化社会を支えるランナーたち―― |
| ID041 | 兼田貴浩 | 滋賀県立大学 | ハナレ |
| ID043 | 川井茜理 | 滋賀県立大学 | とんまか――もったいない空間と人との関係を再編する商店街――※ |
| ID093 | 谷戸星香 | 立命館大学 | 融解する幻想――自然界におけるディナージーを手掛かりとした紙により導き出される微現象の表出――※ |
| ID108 | 中村睦美 | 滋賀県立大学 | 生活の島、生きられた空間の旅 |
| ID116 | 馬場智美 | 神戸大学 | 日向神峡の間――ダム湖の出現により浸水した峡谷と人との縁結び―― |
| ID169 | 横木相汰 | 滋賀県立大学 | 田の浦に住む大工見習いの家※ |

## 高栄氏選出作品

| ID001 | 相見良樹 | 大阪工業大学 | ろう※ |
| ID043 | 川井茜理 | 滋賀県立大学 | とんまか――もったいない空間と人との関係を再編する商店街――※ |
| ID093 | 谷戸星香 | 立命館大学 | 融解する幻想――自然界におけるディナージーを手掛かりとした紙により導き出される微現象の表出――※ |
| ID020 | 石見春香 | 滋賀県立大学 | 風土の再構築――淡路島縄文村計画―― |
| ID031 | 大森健史 | 大阪芸術大学 | 潮騒の神島家――朦朧たる《青》の集積――※ |
| ID048 | 貫野美穂 | 大阪芸術大学 | 十月のサナトリウム、あるいは、記憶の織物 |
| ID094 | 田原迫はるか | 京都大学 | うつせみの――知覚する身体のための建築：モーリス・メルロ＝ポンティ ラジオ講演1948年より――※ |
| ID129 | 廣田未紗 | 立命館大学 | 陶の棲家――個の絡まりによる断面風景―― |
| ID133 | 藤井伊都実 | 立命館大学 | 白鳥物語――エリアナ・パブロワの記憶 |

# 審査ドキュメント

## プレゼンテーション

**ID001｜大阪工業大学｜相見良樹**（→別冊P8参照）
ろう

1日目プレゼンを参照→P25

**山口**｜どういう構造体になっているかをもう少し説明してください。

**相見**｜水上運輸で使う艀を使い、その上に木構造のフレームとスチールのフレームを組み立てていきます。木構造のフレームとスチールのフレームが屋根を支える形式をとっていて、すべての「ろう」でこのルールを守りながら空間をつくっていきます。

**河野**｜これは、琵琶湖の上をずっと移動していくんですよね。中にどういう機能がありますか。

**相見**｜8種類の「ろう」を提案していて、この絵でみるとそれぞれ単一の機能となっていますが、これらが地域に接岸する際に、地域に必要な機能に特化したり、ポテンシャルを上げていくというような計画をしています。

**ID016｜大阪大学｜板倉彰吾**（→別冊P42参照）
時を編む

**板倉**｜政治への現代型無関心とは、国民が政治を他人事のようにとらえ関心を抱かない状態です。主な原因として、政治の不透明性や政治家への不信、最近では投票の世代間格差による政治的無力感が問題視されています。

　その政治的無力感をなくすための制度改革はすこしずつおこなわれていますが、本質的な議会体制は閉じたまま昔から変わっていません。私たちは国会議員が日々どんな業務をしているのか全く知りません。その閉じられた生活が国民の代表である国会議員の意識を一般感覚から離れたものにしているのではないでしょうか。また国民はメディアによる大量の情報を受動的に吸収するだけで満足し、また偏った情報に踊らされることもあります。

　そこで、政治の中心である国会議事堂の中身を解体し、人々に情報の価値観を意識させ、その情報自体に秩序を与える図書館と複合させ、この閉じられた政治の場を開きます［図1］。

　本計画では議員が使う国会議事堂内部、本会議場以外を地下2階に埋没させ、地下1階と議事堂内の一部を図書館、議事堂周辺を図書館として開放します。国会議事堂内部は解放され、観光スポットになることで人々にとって政治とは何か、そしてこれまでの歴史を感じる場となります。地下部分は壁を解体し、柱だけで領域をつくり、柱のリズムで空間を構成します。地下1階の図書館は、ボロノイ分割で本棚を配置し［図2］、平面的にシームレスにつながりながら、静と動の空間をつくりだします。母点となる柱が分類法の最小単位です。

　地下2階は議員の執務スペースです。衆議院、参議院関係なく議論し、党や個人単位での討論がおこなわれます。地下1階と地下2階をつなぐヴォイドが存在し、ヴォイドの周辺では図書内容に応じた委員会が開かれます。今までテレビの中継でしか見ることができなかった政治の場所を実感として感じ、会議場の周囲にある本を手に取り、一緒に国の未来を考えます。またその空間は普段、国民に集会室として貸し出されたりします。人々にとって政治の場、政治そのものが身近なものとなり、有意義な議論がおこなわれ、それが新たな政治の幕開けとなるのです。

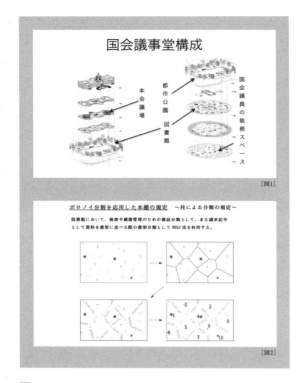

[図1]

[図2]

**高栄** | 計画はすべて地下部分ということですか。地上部分はどうなっていますか。

**板倉** | 地上部分も動線計画をしています。また外部空間は都市公園として開放し、その部分には47都道府県の木を植えるなど国の中心として開かれた場所になっています。

**小松** | 一般の人と議員がこの計画では分断されているように見えます。空間的に交わっているところはありますか。

**板倉** | 地下2階が議員の執務スペースとなっていて、地下1階とヴォイドでつなげることで、一般の人と動線計画的にも混ぜています。最低限のセキュリティを守りながら、国会議事堂を解放しています。

---

ID031 | 大阪芸術大学 | 大森健史（→別冊P34参照）
潮騒の神島家――朦朧たる《青》の集積――

**大森** | 青という色は日本の文化において、非常に強い意味を持っていました。古代の日本語には直接色彩を表す言葉はなく、光の感覚を表す明暗顕漠（メイ・アン・ケン・バク）という4つの言葉がその役割をになっていました。漠というのはとりとめの無い淡さで、白と黒の間を全て青として表現されていました。言い換えれば、日本家屋におけるぼんやりとした光の濃淡は全て青で表せるのではないかと考えました。

　敷地は神島という三重県鳥羽市に位置する島です。漁業が盛んで多くの漁師たちが暮らしています。面積が小さく、山がちな地形のため住宅用の敷地は狭く縦方向に伸びています。この神島には青い住宅がいくつも点在しています。三島由紀夫がこの神島を舞台として描いた「潮騒」には、漁師の生活や神島の人々の生活、あるいは死生観が示されています。この「青」、神島、潮騒の三つを絡め、神島における「神島家」と呼べる大きな家を設計しました。

　まず、神島における青い家のマッピングをおこない[図3]、壁や屋根、その他の要素に分類しつつ、神島においてこの青が一番濃い部分を計画の敷地として考えました。そして、神島の路地空間や生活が滲みでているような断片を抽出し[図4]、その集積によってつくられる新たな建築を設計します。広場の部分は新築された倉です。その左側にある路地部分は既存のものを解体し構築しています。また、今までは斜面方向にしか伸びていなかった路地を、建物の一部を切り欠くことで等高線に沿った路地空間を形成します。こうすることで、神島から抽出された様々な断片によって形成された青の空間が神島の中腹にぼんやりと群青の世界をつくりだします。

[図3]

[図4]

山口｜設計手法のところで、「青」を抽象化することと、神島の断片を再構成するというのが、具体的にどういう操作なのか教えてください。

大森｜神島から抽出された部分というのは、もともと基礎しかない部分、青く塗られた壁の一部、道端にポツンと立っている物干し竿、コンクリートと木造部分が混ざっている状況などを指します。この様々な断片の合成によって曖昧な領域をつくり、そこに生じるものを「青」と呼んでいます。

山口｜「青」を抽象化するというのはどういうことですか。

大森｜それは曖昧な姿を重ねるということです。

高栄｜では、形態による操作も「青」ということでいいですか。

大森｜はい、そうです。

### ID043｜滋賀県立大学｜川井茜里（→別冊P30参照）
#### とんまか
——もったいない空間と人との関係を再編する商店街——

川井｜これは私が生まれた農業が盛んな和歌山のまちに対する提案です。敷地は、かつて門前町として栄えた約1キロの長い商店街になります[図5]。今では高齢化が進み、多くのお店がシャッターを降ろし、ほとんど人が歩いていません。私は何度も敷地調査をおこなう中で、空き店舗の2階にはまだ住民がおられることを知りました。この1階のような空き店舗に加え、空き地や使われていない歩道を「もったいない空間」と定義し、これがまちに対するマイナスイメージの原因になっているとヒアリングから明らかになってきたので、これらの空間の再編を試みました。今回の設計は、私がこのまちで事務所を開くという想定のもと実施しています。そのために以下の3段階を考えています。

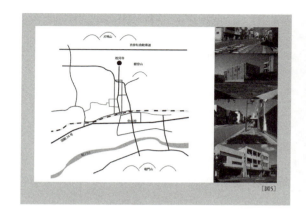

[図5]

まず一つめは「知る、可視化する」です。空き店舗のシャッターを外し、とにかく一度使ってみる。具体的には毎月一度マルシェを開催し、シャッターを開くだけで、これだけ楽しい使い方があるということを発信します。

次に「設計」です。元々店舗で使われていたカウンター、本棚、キッチンなどがまだ残っているので、ヒアリングによってその中から街の人の思い出に残っているものを抽出し、それにあわせてボックスの形状を決めます。設計が完成するまでの期間もお掃除WSや、改修途中の場所でコンサートを開いたりといろいろな使い方を試し、完成する前からここに楽しいまちができると感じてもらいます。

最後は「再編」です。今回選んだ8箇所の空き店舗、空き地を曖昧に配置することで、人の出会いや行動を誘発させる空間をつくります。もともとまっすぐの動線だったものを、様々な人たちが出会える空間に変えます。例えば、一番駅前に近く、高校生が多く行き来するところには、地域での活動の場が少ない高校生のための駅前活動施設を設計しています。この設計の目的は、私みたいなこのまちが大好きな人をもっと増やすことです。卒業設計で終わるのではなく、社会に出てこれを実現したいと思っています。

小松｜建築として何をつくっているのかを教えてください。

川井｜空き店舗になっている1階部分を取り去って、そこに小さなボックスを挿入しています。まっすぐだった通りを入り組ませることで人の出会いを誘発させ、集まる空間をつくり、いろいろな人の行動が外に出していくよう設計をしています。

### ID093｜立命館大学｜谷戸星香（→別冊P38参照）
融解する幻想——自然界におけるディナジーを手掛かりとした紙により導き出される微現象の表出——

**1日目プレゼンを参照→P22**

高栄｜カテナリー曲線以外の説明をお願いします。

谷戸｜螺旋構造は付加成長を保ちながら集合することで、光の陰影と間隔のグラデーションを生み出し、懸垂線は、モジュール、幅、質量、人間の動きや重力のかかり方によって、普遍的な重力の形状と人間の動きの間に陰影のグラデーションを生み出します。

高栄｜この上に人が乗るんですか。

谷戸｜乗ります。その高さのところに座ったり、足をかけたり、遊具のような空間です。

---

ID094｜京都大学｜田原迫はるか（→別冊P44参照）
うつせみの――知覚する身体のための建築：
モーリス・メルロ・ポンティ ラジオ講演1948年より――

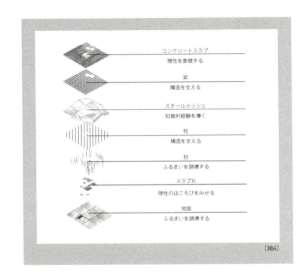

[図6]

田原迫｜私は、私の身体をどこに置いてきたのでしょうか。溢れる速度と情報が世界と身体を切り離してしまった今、建築が私と世界の間に身体を取り戻す装置となるのではないかと捉えました。本設計で、現象学の立場から身体と世界の関係を考察した哲学者メルロ・ポンティによる全7章からなる1948年のラジオ公演を建築化しました。敷地は、パリ20区ペール・ラシェーズ墓地南西の自然庭園です。手つかずの木々や草むらが残されています。テキストから3つのコンセプトを設定しました。一つ目は「知覚の認知」です。ここでは経験と形態を抽出します。1枚のスチールメッシュを分割し、一つひとつに各章に対応した知覚的経験を与えています。大まかに言うと、理性を象徴したコンクリートスラブ、知覚的経験の場であるスチールメッシュと柱や地面からなっています［図6］。次に「理性の交差」というコンセプトで、振る舞いと方向を抽出します。20区では近年移民が増え、ただ一つの真理であったはずの理性が多様化している状況を、祈りという行為で可視化します。最後は「知覚と理性の融解」です。理性と知覚が明確に分けられ、優劣をつけることができた状態から、植物の介入によってその境界が溶けていきます。身体と精神、知覚と理性が区別された時代。世界と私の間に身体を取り戻そうとしたメルロ・ポンティの思想が、68年後の今、小さな空想上の建築として形になっていれば幸いです。

---

高栄｜このテーマに取り組もうと思ったきっかけはなんですか。

田原迫｜大学1回生の授業でメルロ・ポンティのこのテキストを読んで、ずっと気にかかるものがあったということと、弱いものへの共感、知覚とか身体が貶められているということへの共感があったからです。

山口｜なぜパリ20区を敷地に選びましたか。

田原迫｜まず、最初から墓地の近くに建てたいという思いがありました。というのも墓石の下に死者が眠っているということが、理性に身体が完全に押さえつけられている様子とリンクしていると思ったからです。そんな場所を探しているなかで、メルロ・ポンティが今日も眠っている場所でもあり、ものすごく巨大な墓地に死の世界というものが設計されていたのではないかと思い、ここに決めました。

---

ID106｜大阪大学｜中村勝広（→別冊P46参照）
幻影

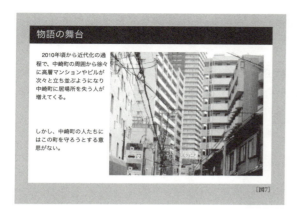

[図7]

中村｜これは2050年の中崎町の物語。道を歩いていると一本の路地に出会う。路地に吸い込まれるようにして中に入ると、出口のない道にさまよいこむ。奥に進むとそこには民家と店舗が入り混じった空間が広がっている。生活の香り、室外機の音、建物の質感などが五感に働きかけ、かつての中崎町を連想させる。連なる瓦屋根が隙間から見える。カフェではアーティストが店内にある小さな舞台の上で音楽ライブをしている。見え隠れする建物の壁、植木鉢、看板などに誘われ、さらに奥に進むと、急に無機質な場所に出る。天から降り注ぐ光。階段をのぼり、街を一望できる場所に出る。そこで目にするのは都市が中崎町を踏み潰している姿。これまで見てきたものが都市化によって消えてしまったかつての中崎町の幻影であることを知る。都市化は建物だけでなく、そこでの行為をも踏み潰す。現代の都市化に対する疑念を建築によって表現したいと思う。

中崎町は西日本最大の繁華街である大阪梅田に隣接しているにもかかわらず、第二次世界大戦中の大阪大空襲による戦災を免れたため、古い長屋が林立する町並みが残っている。住民の高齢化に伴い長屋の多くは空き家となっていったが、2000年頃から若いアーティストたちが空き家をブティック、喫茶店、小物雑貨店、ギャラリーなどに改修して、地域の住民を巻き込んで自らの個性やライフスタイルを表現する場となった。

2010年頃から徐々に高層マンションやビルが建ち並ぶようになり[図7]、中崎町に居場所を失う人が現れてきた。かつて住民とアーティストたちの間にあったコミュニティは無残に踏みつぶされていく。居場所を失った人々は、失って初めて都市に対抗する意思を持ち始め、この地に中崎町のシンボルとなる建物を築き上げていく。

小松｜今回、最初からつくっているんですよね。材料は再利用してるんですか。

中村｜都市化によって建物を解体するときにでた廃材を再利用しています。

小松｜これは中崎町の人たちのための建物ですか。

中村｜都市化によって居場所を失った中崎町の人のためのものです。

山口｜これは中崎町の人が自主的につくるのか、それともだれか所有者が計画してつくるのか。

中村｜都市化によって家やお店を失った人たちが、これでは中崎町じゃなくなるという危機感を持つことで建てられるという想定です。

---

**ID128**｜大阪工業大学｜廣田貴之（→別冊P48参照）
ツギハギ――「貸す－借りる」の関係が編むまち――

廣田（貴）｜効率社会は、評価軸を変えると優良な資源を捨ててきたとも言えます。時間の蓄積により生まれる味わいや深み、地域とのつながりが絶たれてきました。敷地は大阪城の東に位置する城東区の中心にある新喜多東。住と工が混在する下町でしたが、今では空き家や工場跡地が次々と高層集合住宅に建て替わっています。この地域の中心にあるRC造2階建ての元公設市場が今回の計画地です[図8]。もともと図書館と保育所が入っていましたが、今年の1月末に新しく複合施設内に図書館ができ保育園だけになっていました。

社会には再利用可能な廃材だけでなく、ある人にとっては不要でも、ある人にとっては有用な資源があります。また物理的なものだけでなく、お年寄りが持て余している時間や知識といったものも

[図8]

審査ドキュメント

資材と呼びます。本提案ではこの地域に眠る様々な資材を貸す、借りるという関係によって流通させ、地域の繋がりを再生させることを目指します。施設の更新は建てながら、使いながら、壊しながら、という「ながら」のもと、常に過程の中にあり、今回はその3つのフェーズを計画しています。時間のズレを利用して学童保育は保育園の場所を借り、親の帰りが遅い児童が遊戯や工作を通して園児を世話します。図書館跡には補強する棚を設置し、貸し借りの棚として、ものを流通させる拠点となります。建物全体を壊しながら、地域に開いていきます。また生活に潤いを与える趣味もその対象としています。趣味によって行為を貸借りできる。貸す・借りるのシステムを通じた資材の流通は施設内で完結せず、地域の空き家や空室なども活用し、地域全体に広がっていきます。

細分化された施設はお互いに仕口、継手のように繋がります。例えば、親が働いている時間に子どもが自由に遊べる秘密基地のような場所、施設とつながっていて地域住民が覗いたりできます。効率優先の個人主義ではなく、互いに足りないもの、場所、時間、行為を補いながら、周りを巻き込んでいきます。貸す・借りるの関係が糸を編むようにツギハギしていく町の提案です。

**小松** | 借りるということは、返すことも想定されていますか。

**廣田（貴）** | そうです。返すことも想定しています。

**高栄** | 実際に設計した時には、古い資材と新しい資材を明確に判断しながらつくるのでしょうか。例えば格子の本棚みたいなものは既存のものですか。

**廣田（貴）** | 既存ではないです。周りの端材などを使うことを考えています。既存はグレーの部分です。

**ID129** | 立命館大学 | 廣田未紗（→別冊P56参照）
陶の棲家――個のからまりによる断面風景――

1日目プレゼンを参照→P23

**高栄** | 陶器を砕いたものが再生されていく。砕いた土を一旦どこかに保存する場所がありますか。

**廣田（未）** | 陶器は砕いても土に埋められません。現在は、陶器を砕いて土の中に混ぜ込み、また新しい陶器に生まれ変わるという技術があり、それを利用しています。

**ID169** | 滋賀県立大学 | 横木相太（→別冊P50参照）
田の浦に住む大工見習いの家

**横木** | 宮城県南三陸町の田の浦は、2011年の東日本大震災によって大きな被害を受けた地域です。私は大学のプロジェクトを通じてこの田の浦に3年間関わってきました。その間に様々な変化を感じてきましたが、去年から高台移転が始まりました。移転先の住居はどれもハウスメーカが建てたもので、それがこの町の人の暮らしに合うのか疑問に思い、住人の方に聞いていくとほぼ全員の方が住みにくさを感じているようでした。それではまずいと思い実際に調査を始めました。田の浦に残る住宅の間取りや外観、家具の寸法などを調べるうちに、田の浦には独自の寸法のモジュールがあり［図9］、それがハウスメーカーの住宅への違和感につながっているのではないかと考えるようになりました。また、ただ高台に移り、津波の来ない場所に住めばいいのかということにも考えていかないといけないと思うようになりました。そこで実際に一ヶ月間、田の浦の工務店で働き、春からはそこに就職することになっています。

　田の浦の伝統的な住宅には「おかみ」と呼ばれる不思議な空間があります。ここは仏壇と神棚が置かれる神聖な空間になっています［図10］。4月から田の浦に住む中でこの「おかみ」を自分でつくり、その後増築していくことで地域の建物の伝統を残していきたいと考えています。

**河野** | 設計された「おかみ」とは具体的にどういう建築ですか。

**横木** | これは早く、安く、誰にでもつくれるということが重要だと考えています。しかも後から仮設住宅に備わっていた機能をプラスできるような方法が必要です。今回は「おかみ」と増築部分が基礎

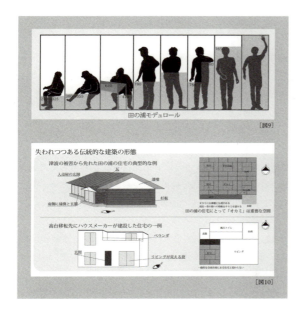

[図9]

[図10]

だけを共有し、構造的には独立する、そうすることで津波の際には増築部分が「おかみ」を守るということを考えています。

河野｜この「おかみ」というのは現地の人にとって、すごく神聖で大切な空間なんですよね。だからそれを先につくって、だんだん増築していくストーリーだということですね。

## ディスカッション

上園｜それでは後半のディスカッションへ入っていきたいと思います。

### 大森

高栄｜僕はこの作品を推しています。日本では色を使うということが若干タブー視されているところがあって、逆に海外だと色をしっかりと使っているんですね。この作品は色を扱いながらも日本的である。この青という色に日本らしさや日本の精神性が現れているという着眼点もかなり鋭い。

山口｜話を聞いていて思ったのは、この人は見たことがないものをつくるということへの意識が強い。神島にしかないものでありながら、なおかつそこから新しい街をつくろうとする。そこに好感を持ちました。ただ途中の設計手法の部分があまりクリアではなかったので、そのあたりもう少し説明してもらえますか。

大森｜敷地調査の際に、これまで見たことがないような青い家がポツポツと建っていて、それでうまく言えないんですが、この青と神島の青い家を結びつけると、大きな纏まりとして神島家と呼べるようなものがつくりだせるのではないかと考えました。

高栄｜これは単に色の話ではなくて、形態や路地裏の空間の雰囲気というものも彼にとっては青なんだと思います。そのことをもう少し説明してほしい。

大森｜例えばこう言う路地みたいな空間に開口が空いていたり、周りを囲まれた仄暗い感じ、ぼんやりした感じが青という括りになっています。

河野｜私は、この切り欠いている部分、この操作はすごくダイナミックだと思ったんですけど、このテーマに決めたモチベーションがあれば教えてください。

大森｜日本の住宅形式に新しいものを提案したいと思っていました。青は日本ということと深く関わっていて、この神島とつなげて新しい風景が生まれるのではないかと考えました。

小松｜街、そして風景をつくりたいというイメージですよね。

大森｜風景ではあるのですが、海の方から遠景で見たときに、神島の真ん中あたりに濃い青の集落、神島家があるという状況を設計したいと考えていました。

### 谷戸

山口｜この作品は、コンテクストと呼べないような自然界から出発していて、なぜこの2016年にこのような計画をしようと思ったかを聞きたい。

谷戸｜もともと既成概念、経験によって生まれる普通ということに批判的な意識を持っていました。そうした意識を覆したいと思いました。

高栄｜これは他の作品に比べて作品の個性が突出していてカラーがあると思います。できたものはさらっとしているかもしれないけれど、巡回審査の際に考えて考えて、考え抜いて出てきた形だと聞いて、面白いなと思いました。かたちが言葉を超えるんじゃないかという可能性を感じます。

河野｜この先に何があるのか、建築になっていくのかを聞きたいです。

谷戸｜この樹状構造は流れをつくりだすモジュールを展開していて、水の流れる速度などに変化が生まれるので建物のファサードなどに応用できると思います。

高栄｜ただこの作品で重要なのは、結果としての形態よりもここまでに至ったプロセスだと思う。この新しいものをなんとかして生み出したいという試行錯誤のプロセスに魅力を感じるし、それが彼女のオリジナリティになっていると思います。

上園｜機能や用途があってないような提案ですが、結局、形がアクティビティを与えることになると思います。「こういうプロセスでこんなに美しい空間ができました」というそれだけでよかったと思います。そしてそもそもここに導かれている形が持つ美しさとはそういうものだと思います。

谷戸｜今までの設計の方法ではなく、もっと違ったアプローチで空間をつくることで、全く違った空間が生まれるのではないかと考えていました。

---

## 中村

山口｜2050年の物語からプレゼンテーションが始まったことがすごく印象的でした。ただ物語と言ってしまった瞬間になんでもありになってしまうので、リアリティをつなぐものが何なのかを教えてください。

中村｜はじめは現在の都市化を解決できないかと考えていましたが、ヒアリングを進めていく中で、住人の意識にこの地を守ろうということがないと感じ、それは侵略されて初めて気づくのではないかということで物語にしました。

小松｜これが一番惜しいのは高層マンションが模型に表現されていない。押し寄せてきている感じがないんですよね。だから、危機感みたいなものを感じとれない。侵略されて危機状況だから、ここの人たちが立ち上がって、小さい力が大きくなっていくという感じのほうがよかった気がします。

---

## 廣田(未)

高栄｜彼女もしっかりとコンテクストを読み込んで、なおかつ新しいビルディングタイプに到達しようとしている。

河野｜改めて見たらすごいリアリティーのある提案ですね。陶器にたいして強い想いを持っておられるようですが、どうしてこれをしようと思ったんですか。

廣田(未)｜小学生の頃に見た陶器でつくられた塀がすごく記憶に残っていました。でも大学生になってから街を訪れるとすごく寂しそうで、近代的な都市計画だけで進められている状況に怒りみたいなものを覚えたということがきっかけです。

高栄｜惜しかったのは、陶芸作家の精神統一の時間や場所がないということ。にぎやかさは感じるけれど、作り手のための空間への配慮が少し足りないような気がしました。こうした中の人に対してはどう説明しますか。

廣田(未)｜瀬戸物というのは庶民向けの器です。なので地域の人あっての陶器だと思い、地域の人を巻き込んでつくりたいと考え、にぎやかな場所にしました。

小松｜実際に陶芸家のところに行かれたということですが、僕も陶芸家の知り合いがいて、焼き物をつくっている姿は美しいと思えるんですね。そういうものを見せることができたら、良い器がちゃんと売れると思います。手でつくる美しさを伝えていくような場所があればと思いました。

---

## 板倉

山口｜このプロジェクトは相当繊細にセキュリティの話をしなければいけないと思うのですが、もう少し説明してもらえませんか。

板倉｜セキュリティに関しては、国会議員と国民が混ざる部分は最低限に指定し、それ以外はしっかりと国会議員と国民の動線を分離しています。

山口｜それがすでに矛盾していて、結局どこかではぶつかる。それをどうクリアしましたか。

板倉｜現状開かれているというものを、建築の構えとして開く。今回は、守るべきところは守りつつも、このような空間的な開き方があるということを提案したいと思っています。

河野｜地下に本があって、勉強しながら議員の話を聞くということですが、2階も図書館になっているんですよね。

板倉｜そこは図書の専門室です。現状では、議員しか入れないところを、機能を入れ替えることで開いていくという感じです。

---

## 田原迫

高栄｜僕は一次審査からこれをファイナルにもってきたかったのは、この卒業制作は失敗したと思っているから。きっと卒業設計は結果ではなくて本当は考えてきたことが重要なんですよね。答え

が出ずにもやもや考え、精神的にギリギリまで追い詰められても それでも形が出てこなかったということを聞いて彼女のこれまでの 苦労を感じました。でもそれがこの作品の魅力でもあります。

上園｜私もこの案には興味があって、メルロ＝ポンティの語るところ の"空間という現象"を建築的に直訳することによって表現した かったのだと解釈しています。しかし、その試みを万人に理解して もらおうとすると、かなりの戦略とロジックが必要ですが、そこがもう 少しだったとも感じてます。

---

横木

河野｜すごく真面目で、1番リアルに取り組んでいる。プレゼンで魅力 が伝わっているのかはわからないけれど。

山口｜そうですね。ただプレゼンテーションがすごく良かった。でも 例えば、これは増築していくわけですが、そうであればこのような 一体的な建物になることはあまりない。そこの提案性が実は肝だと 思うんですが、そこではなく最後、切実さで説明しきっているのは よくないかもしれません。

河野｜おそらく最初につくる「おかみ」も完成度が高いわけではなく、 2、3年後の彼はもっといい提案ができると思う。この取り組み、そして 生き方が素晴らしいと思って評価しました。

横木｜この地域に毎月一回、長いときは一ヶ月以上滞在し、この 地域が今自分たちが生きることで精一杯だということを見れた。 仮設住宅から抜け出したい思いだけで建物を選んでいるという 現状に訴えかけたかった。

---

川井

小松｜卒業設計に対する構えに僕はすごく共感しました。自分 自身の一つの節目としてやっているというのがいいなと思いました。 少し気がかりなのは、実際にここに来た人がどう使っていくのか ということが見えてこない。この楽しげなものをつくることで町が 活性化するのか疑問です。掃除のワークショップなどの提案もし てくれていますが、それが建築によるものではないというか。建築 家であればあくまで空間とか場所をつくる人であってほしいと 思います。

河野｜私自身も場をつくるためにお掃除のワークショップをしたり する。ただものをつくるだけというのは無責任だと思っています。そう いう意味でも、地元の話を聞きながら、すごくリアルに取り組んで いる。これが始まりだということなので、実際に進めていく中でいろ いろ出てくるとは思いますが。

川井｜最初は何となく全体が賑やかになったらそれでいいと思って いましたが、そうではなくてもっと細かく、ここはこの人、このおばあ ちゃんというふうに考えて設計をしていきました。

山口｜何が評価されたと思いますか。

川井｜リアリティを持って設計しようと思い、実際にここでおこなわ れるマルシェの収支の計算とかもしていました。そういうところが私 の強みになっていると思います。

山口｜その通りだと思います。これは基本設計というより基本計画 に近く、実際に設計という点ではまだまだ詰め切れていない。でも 僕が見ても、町の人から見てもこの先長いんだろうなと感じるんで すが、それすら織り込まれて、プレゼンテーションされている。だから

この状態が一番いいという必要はなく、むしろここからどうつながっていくのかという話を一番できる作品じゃないかなと思って票を入れています。

---

## 廣田(貴)

山口｜僕が興味があったのは、なぜあげるではなく貸す、もらうではなく借りるなのかということです。

廣田(貴)｜あげる・貰うというのは一回で終わってしまいます。そうではなく、その先にまた関係が続いていく貸す・借りるということにしました。

河野｜借りながらつくるというのはすごく難しいし、お金もかかる。実際は本当に大変なことだと思います。それでもこの仕組みがいいというアピールがあれば聞きたいです。

廣田(貴)｜効率的を求める今の世の中は冷たいなと感じています。そこに貸す・借りるということがあると、もっと関わりを持って生きていくことになると思っています。

---

## 相見

高栄｜近年の卒業設計で起こっている傾向を一番よく表している気がしました。今日審査員が選んだのは、何かしらの突っ込みどころがあるものなんですけど、これに関してはそういう突っ込みどころがない。リサーチして、丁寧に考えて、密度と出力をかけている。そこがスマートになりすぎていて、そのこと自体にどうなのだろうと思ってしまいました。

山口｜よくわかります。それは正しさとどう向き合うのかということではないでしょうか。卒業設計において正しさを積み上げていくということはセオリーだと思うし、それは悪くないですね。この「ろう」と「陶の棲家」は特にですが、全方位に対してこの正しさを積み上げている。その結果いい点数が出る。それは確かにいいことだと思いますが、一方で自分の興味を徹底的に掘り下げている作品もある。そこでは正しさはあまり問題になっていない。国会議事堂の板倉さんや、自然界の研究をした谷戸さんとかはそうだと思います。これだけ多様なアプローチがある中で、正しさ積み上げ型をどう評価するかというのは考えるべきことだと思いました。

## 投票

[1回目投票(1人3票)]
上園｜単純に集計すると、43番「とんまか」と93番「融解する幻想」が3票ずつ。続いて31番「潮騒の神島家」が2票。この3つの中から1位を決める、で問題ないですか。

山口｜それぞれ傾向が違っているので面白いと思っています。1位を決めるとなると作品のクオリティが大事になってきますね。

河野｜私は「潮騒の神島家」には少し疑問があって、面白い風景はできると思うんですが、ここに住んでいる人たちはこれを望んでいるのか、また彼らは幸せになるのでしょうか。家を切り裂かれた人はどう思うのだろうかということが気になります。このような風景ができた先に何を目指すのでしょうか。

大森｜単に面白いというのではなく、これが神島の姿だと、そこに日本の青という概念が関わっていて、日本の新しい家の形が見えてくるんじゃないかと考えています。

河野｜この地域はすごく青くて面白いんだけど、なぜ青いのかという分析はされましたか。

大森｜神島に関する論文は全て読みましたが理由は書いていませんでした。推測ですが島にある八代神社で祀られている神様がわたつみの命という海の神様ということや、漁師の精神的な部分が関係しているのかもしれません。

小松｜今僕だけが43番「とんまか」を選んでいないんですが、これの良さがわからないので、それを教えてもらえますか。

川井｜敷地を一箇所に絞らずに8箇所選んでいることで、空き地と建物だけでなく、道路もデザインに組み込むことができ、それによって裏でも表でもないすごく中間的で曖昧な生活動線が新しく生まれているというのが、この建築の一つの魅力になっていると思います。

上園｜では、31番「潮騒の神島家」、43番「とんまか」、93番「融解する幻想」に対し一人1票で投票しましょう。

---

[2回目投票(1人1票)]
結果、43番「とんまか」が1位ということになりました。では2位はどちらでしょうか。（31番と93番が同順）

---

高栄｜上園さんも票をいれてもらえますか。

上園｜2択なんで僕が決めるみたいになってしまいますね。では私は31番「潮騒の神島家」に入れます。そこに暮らす人々や場所性

と向き合って風景をつくるという態度を大切にしたいと思います。審査員、司会も含めた投票の結果、31番「潮騒の神島家」が2位、93番「融解する幻想」が3位ということでよろしいでしょうか。ありがとうございました。

――

上園｜最後に審査員の方々から一言いただきたいと思います。

山口｜最初はクオリティが大事だということで「潮騒の神島家」「融解する幻想」を選ぶべきかと思いましたが、結果的には「とんまか」がいいとなった。それくらい難しかったです。これだけの幅があるところが卒業設計の面白いところで、それは自分を客観的に見るいい機会だということです。そういう風に考えてもらえるといいかなと思います。楽しかったです。

小松｜初めてこのような審査員を務めさせてもらったんですが、評価というのは審査員によって、またその時のプレゼンテーションでの話し方や姿勢みたいなもので決まってくる。だから何より卒業設計の中で自分が信じていけることを見つけてもらったり、それを知った上で設計を続けていけたらいいと思いました。頑張って下さい。

河野｜お疲れ様でした。評価というのは見る人の視点によって全然変わるものです。私はそこに生まれる空間や、その魅力を、私の基準で選んだ。他にもすごくいい卒業設計だなと思った人はたくさんいました。最終的にうまく表現できなかった方もおられるかと思いますが、たくさん考え、悩んだということは本当に素晴らしいことなので、胸を張って次につなげていってもらいたいです。

高栄｜ぼくたちは比較的歳が近いので、将来もしかしたら手強いライバルになるかもしれない人を見つけ出したいと思いながら作品、そして人を見て票を入れました。今回は、1日目の審査も見て、事前にしっかりと時間をかけて巡回し、気になる作品を一つひとつ丁寧に読み解く時間があったのは良かったと思っています。

上園｜これで今日の審査会は終わりますが、僕らは皆さんの10歳ほど上の世代で、また10年後にはここにいる皆さんがこちら側にいるようにこのDiploma×KYOTOが続いてほしいと思っています。卒業設計が終わって皆さんはこれから建築に限らずいろいろなところに進まれると思いますが、それぞれで頑張ってください。今日はありがとうございました。

**1回目投票（1人3票）**

| ID | 001 | 015 | 031 | 043 | 093 | 094 | 106 | 128 | 129 | 169 |
|---|---|---|---|---|---|---|---|---|---|---|
|  | 相見 | 板倉 | 大森 | 川井 | 谷戸 | 田原迫 | 中村 | 廣田貴 | 廣田未 | 横木 |
| 山口 |  |  | ○ |  | ○ |  |  |  | ○ |  |
| 小松 | ○ |  | ○ |  | ○ |  |  |  |  |  |
| 河野 |  |  |  | ○ | ○ |  |  |  |  | ○ |
| 高栄 |  | ○ |  | ○ | ○ |  |  |  |  |  |
| 合計 | 1 | 1 | 2 | 3 | 3 |  |  |  | 1 | 1 |

**2回目投票（1人1票）**

| ID | 031 | 043 | 093 |
|---|---|---|---|
|  | 大森 | 川井 | 谷戸 |
| 山口 |  | ○ |  |
| 小松 |  | ○ |  |
| 河野 |  | ○ |  |
| 高栄 | ○ |  |  |
| 合計 | 1 | 2 | 1 |
|  | 2位 | 1位 | 3位 |

※司会の上園氏の推薦で大森さんの作品を2位に決定

# 座談会
## 現代の建築家像を築く
山口陽登×小松一平×河野桃子×高栄智史×学生ファイナリスト10名
上園宗也 [司会]

### 何が評価されたか

**上園** | 今日は最終的に10名がプレゼンテーションをされたんですが、終わってみて少し誤解されているとか、もう少しここは理解して欲しかったというようなことを思っている学生さんはいますか。

**山口** | 「ろう」があまりに優秀な感じで、それが結構問題だと感じています。「ろう」という作品がどうかというだけではなく、近年の卒業設計全般に関わることで、それが顕著に表れている作品だと思います。

**相見** | 昨日もそうでしたが、ここまで評価されるとは思っていませんでした。空間も弱いし、詰められていない。勿論こういうふうにコンテストに出す以上、勝ちたいなとは思っていましたが、傾向を読み解いたわけでもないです。

**山口** | 全く見ていないわけではないですよね。

**相見** | 卒業制作関連の書籍もたくさん出ていますし、それを見ながらどういうものが受けるのかということは意識していました。アウトプットとして意識したのではないので、この2日間の評価にギャップがあるなと感じています。

**河野** | 川井さんはこれからこの提案を実現していくのですか。

**川井** | 実は進学ではなく就職します。早く社会に出て、今の考えやアイデアが本当に正しいのかを見てみたい。その後、大学院に進学するのも悪くないかなと思っています。就職先はハウスメーカーです。自分の中ではアンチな存在なんですがそこをあえて選びました。自分の想像の外側にある環境で働いてみることで、何か兆しが見えてくることを少し期待しています。

**山口** | 就職するのもよいと思います。そこで違う価値観を見つけて、この計画が5年後によりよくなっているならその方がいいですね。そうならなければやっぱりあの時やらなくてよかったとなる。そういう冷却期間はあってもよいかなと思います。

**川井** | 私はこれは始まりだと思っています。今の答えはこの卒業制作での提案ですが、時が経ち、いろいろな人に出会うことで変わっていくと思います。そのことは建築がこれからどうなっていくのかということにもつながると思います。今は建築家の職能が曖昧になっていると思っていて、今後もしかしたら建築以外の方法が見えてくるのかもしれないということも考えたい。

**山口** | 今回、本当にいいなと思う作品が無かったというのはよかったと思っています。12歳も違うのに、みなさんと僕が同じ考えというのはなんだか気持ちが悪いですね。

**高栄** | ざっと見ると大規模開発みたいなものは選んでいないですよね。昨日は結構大きなものをつくっているものもあり、そういう元気のよさを見たい、若い人のエネルギーを見せて欲しいという感じがあったかと思います。今日はそういう感じよりも、社会の大きな力にたいしてどう立ち向かっていくのかということをみんな考えていた。小さな力なんだけどそれが集まることで社会を良くしていこう、豊かにしていこうという傾向があったのではないでしょうか。自分が社会に出た時に何ができるかを本質的に考えている人が集まった。だからこそ今日の審査会の内容はとても面白いものだった。

**山口** | 我々だけですごく盛り上がってしまったかもしれませんが、僕は上の世代の建築家の皆さんが近年の卒業設計には「元気が

---

今日はそういう感じよりも、社会の大きな力にたいして
どう立ち向かっていくのかということをみんな考えていた。——高栄

> 実際に選んだのは一緒に考えていけるような
> スタンスを持っていたものだと思います。──小松

ない」とおっしゃることもわかる気がします。大規模開発のようなものすごく複雑で大きな形で、しかもコンテクストが読み込まれているものを設計するというのはかなり難しいことなんですよね。つまり「問いが簡単すぎないか」ということなのではないでしょうか。建てることから離れ、代わりに切実さという言葉の鎧を着てこじんまりとした作品をつくるということが簡単に見えてしまうのかもしれない。だから全体の傾向としてとてもよく考えていることに同意しますが、その一方で難しい問題にぶち当たってほしい。難しいことにきちんと向き合えたかはかなり大事なことだと思っています。

**上園**｜学生の元気が現れたような大規模な作品はなぜ今日は選ばれなかったんでしょうか。

**小松**｜わかりやす過ぎたのかもしれません。審査の中でも言いましたが、引っかかるものがない。実際に選んだのは一緒に考えていけるようなスタンスを持っていたものだと思います。何か悶々と考えている人の、その気持ちがわかって共感を覚えたということだと思います。

## 卒業設計の前提となるもの

**上園**｜建築を考える時に前提にする想いみたいなものってありますか。

**田原迫**｜みんなが取り組んでいる問題解決のための提案の重要性は理解できますが、一方でどこまで当事者という意識でいるのかとても不思議になります。そこに住んでいる、お金をもらってその人の顔を見て仕事をするということであれば分かるのですが、そうでない部外者がどこまで手を出していいものなのでしょうか。

**上園**｜私の場合は卒業設計というのは一種の思考実験の場で、自分がそれまで培ってきた主義・主張なりを一つのプロジェクトとして可能な限り最大化し実現するものだと考えていました。具体的には再生医療が本格化した社会における医療都市がテーマで、都市計画から臨床・研究・開発機関までを複合的に設計しました。それは完全に自分のポテンシャルを大きく超えたチャレンジそのものでした。今日見ていて思ったのは、みなさんにとって卒業設計で取り上げるテーマのスケールの大小は問題ではなく、そこにどうやって真摯に向き合っていくかだったのではないでしょうか。

**高栄**｜卒業制作というのは、自分自身が社会に出た時の武器を身につける訓練です。社会のためにということは今後不可欠な考え方だと思いますが、最終的には自分のところにフィードバックされるんですね。

**山口**｜高栄さんの審査の様子を見ていると、選ぶ軸がはっきりしている。自分がやりたいと思ったことをどこまで突き詰めているかが評価になっている。そこにはある種、他人を放っておいてでも自分のやりたいことをやるという意思が感じられるかどうかなのかなと思いました。

**高栄**｜修士計画の時はまさにそうで、今後何十年と建築家として進んでいくときに何ができるのだろうか、建築はどうあるべきかとすごく悩んでつくりました。僕にとって設計の手法というものは常に矛盾を抱えている。でも矛盾してもよいというおおらかさが建築には備わるような気がしていて、それは今でも生きているし、建築にたいする考え方が定まってきたのがこの時だったと思います。

## 曖昧な建築家の職能

**高栄**｜先ほど建築家の職能が曖昧だという説明がありましたが、具体的にどういうことですか。

**川井**｜昔は建物を建てる、設計するというのが建築家の職能だったのに、最近ではイベントやワークショップを考えて実施することまで建築家が関わるようになっていて、いろいろな方向性があるように思います。建築家という言葉が何を指すのか、自分でもよくわかっていません。

**河野**｜私も学生の頃から「建築家ってなんだろう」ってずっと考えていました。未だにわからないんですが、今は設計して終わりではなく、お掃除のイベントを開いたり、使われ方まで考えながら場づくりに関わる仕事をしています。また大工さんと組んで仕事をしているんですが、自分たちも現場に行って相談してつくるという従来の建築家とは違った方法を実践しています。

**高栄**｜明確な建築家像みたいなものが無いというのは時代のような気がします。

**上園**｜私は建築家というのはいろいろなことをやっていいと思っています。その人が取り組んでいることがそのまま建築家の新しい職能となる。

**河野**｜今日は建築家って紹介してもらいましたが、普段自分では

これからの建築家像というのは
これからの世代が築いていけばいいと思います。——河野

「設計屋さんです」とか、場合によっては「工務店です」と名乗ることがあります。これからの建築家像というのはこれからの世代が築いていけばいいと思います。

高栄｜既存のカテゴリーがかなり揺らいでいますよね。だから建築家が何者かということも個人個人で違う。でもそのことが、社会に寄り添っていくことのきっかけになるかもしれない。

### 複数の建築家像が存在する豊かさ
——
上園｜みなさんの名刺を拝見すると、建築家と名乗っておられるのは山口さんだけですね。

山口｜僕は平気で建築家と書けるというか、結局は肩書きよりも何をやっているかに興味がある。デザインにすごくこだわる建築家もいれば、それ以外に情熱を注ぐ建築家もいる。建築家ということを突き詰めるのもいいことだと思いますが、大事なのは「その先には何もない」ということを知るということではないでしょうか。

小松｜英語で書いています。僕も建築家ということに抵抗はないです。

高栄｜僕は建築家になりたいと思っているけどまだ書けていません。名前の後に実際に何をやっているかということは記載しています。それは自分をあるカテゴリーの中に位置付けるというよりは「高栄智史です、建築やってます」という感じです。一方でとても好きな建築家や憧れている建築家もいます。彼らがつくっているような多くの人から愛される建築を自分もつくってみたいと思います。

山口｜学生の頃は狭い視野の中で自分が一番だと根拠のない自信を持っていたんですけど、建築を知れば知るほどいろいろな見方があることがわかってきてそれらを共感できるようになりました。自分はそこには行けないけど尊敬できるということです。僕は河野さんが卒業設計で「キャベツ」という作品をつくられて、今はエンドユーザーと一緒につくって渡すという活動をされている。そういう進化をすごく尊敬しています。

高栄｜学生の頃は自分が一番だって思っていたんですけど、知れば知るほどいろいろな見方があることがわかってきて共感できるようになる。自分はそこに行かないけど尊敬しあったりということです。僕は河野さんが卒業設計で「キャベツ」という作品をつくられて、今はエンドユーザーと一緒につくって渡すという活動をされているという進化をすごく尊敬している。

河野｜私の中では一貫してるのですが……

高栄｜それはもちろん。"進化"しているんですよ。

### 建築家として何を為すか
——
山口さんは学生時代は建築家になって何を成したいと思っていましたか。

山口｜学生時代は環境共生デザイン、サステナブルデザインというのが研究テーマでした。そういう意味では新しい環境との関係が築ける住宅をつくりたいと思っていました。今は上町荘という僕が経営するシェアオフィスで、イベントのサポートをしたり、イベントでバーテンをしたり、それが終わったら上のオフィスで図面に取り掛かるというようなことをやっています。それは僕なりに広げるということをしようとしているんだろうなと思います。学生時代に考えていたクラシカルな建築家のモデルに全然違う要素が同居した状態をどうしたらつくれるかと考えているような気がします。

上園｜意識してというよりは気がついたらそうなっていたということですか。

山口｜はい。社会をサーフィンしていたらこんな感じになっていました。

小松｜僕は、毎日純粋にスケッチして模型つくって設計してということしかしていません。

河野｜学生時代は、設計者よりも、実際にものをつくれる職人さんに憧れや関心の気持ちを抱いていたし、机の上で描いている図面よりも、現場で起こっているリアルな世界こそが本物なんじゃないか、と感じることもありました。大工さんと組んで仕事を始め、そこで学ぶことは多く、尊敬の気持ちを強く持っていますが、設計者という立ち位置についても少し考えはかわったように思います。
どんな空間を計画するか、どのように居心地の良い場所をつくるかについて真剣に考え、図面に落としこむことは、ものすごいエネルギーをつかう仕事です。そんなことのできる設計者もまた、職人さんと同じように素晴らしいし、必要な職能だと思えるようになりました。これは私たちがずっと学んできたことなので、威張る必要はなのですが、得意でなければいけないし、これからも真剣に続けていかなければいけないと思っています。

### 総括

上園｜今回のDiploma×KYOTOは、これからの建築家の職能とは、これまでの在り方に縛られることなくいろいろな形があってよいし、それが可能だと思える意欲的な作品が多かったのではないでしょうか。審査員も学生も関係なく、それぞれの道で建築をもっと盛り上げていくということが大事なのではないでしょうか。

高栄｜僕らはいまだにトウキョウ建築コレクションの参加メンバーと集まって呑んだり、近況報告会みたいなものを開催しているんですね。それはなりたいものが多様になってきたからこそ、何ができるのかを議論できる場を持ち続けるようにしています。この場のメンバーの出会いも大切にしてください。

河野｜私はDiploma×KYOTOで2位にしてもらいました。でも本当に順位とかは関係ない。もちろん評価された人はそれを自信にしてステップアップしていけばいい。でもそれが将来を保証してくれるわけではない。いろいろな人が評価されるといいなと思っているし、私たちみたいにいろいろな建築への関わり方を見つけていってくれれば嬉しいです。

小松｜すぐに答えを出さず、ずっと考えていくことが大事だと思います。卒業して働き始めると考える機会が減ってしまうかもしれませんが、できるだけいろいろなことを考え続けて欲しいと思います。

山口｜僕はシンプルに人と違うことをやるという意識を持ってほしいと思います。それが人間関係を豊かにしていくので。それがアドバイスですね。

上園｜ありがとうございました。

---

学生時代に考えていたクラシカルな建築家のモデルに
全然違う要素が同居した状態をどうしたらつくれるか。——山口

# 審査総評
## "OUR ARCHITECTURE"

上園宗也

　"体制的に回収されていること、これが今日的な主体の定義なのかもしれない。そうなると、もはや残されていることと言えば、傍らの、他処の声、何処とも結びつかない声が聞かれるようにすることしかないであろう。"

——ロランバルト「小さな歴史」

　2日目の審査司会を務めた者の義務として、総評を書くようにとのお達し。散々考えあぐねたが、'15や'14、そしてそれ以前からの流れを汲むのがよいだろうと思い定めた。それもそうだ、Diploma×KYOTOは歴史を継承する展覧会なのだ。ならば私がこれから書く総評というものも、その歴史の地層の狭間に埋葬され往くものとして書かれなければならないだろう。従って、審査会における「評価軸」に関する話から始めることにする。

### 「評価軸」の克服

　今更だが、近年のDiploma×KYOTOは「評価軸」を求める傾向にあったと言ってよい。それがなぜだったのか、ひとつの仮説を立ててみたい。
　私もその一人であったと思うが、大抵の学生が建築を学ぶ中でそれぞれの仕方で"建築の力"を信じるようになる。一方で、建築が社会に与える影響力の大きさに慄くものでもある。そのため、建築に夢や可能性を感じつつも、いずれはその力を行使する側に回ることになるという不安がもたらす、漠然とした迷いのようなものがあるのではないだろうか。つまり、そうした迷いの表れとして、己が卒業設計について、その妥当性、或いは矩を超えていないかどうかの判断材料とすべく、評価に普遍性を求める傾向にあったのだと私は睨んでいる。
　では、普遍的な評価を得るためにはどのような審査がよいのだろうか。どのような審査をおこなえば、皆が納得し、等しく何かが得られる場をセッティングできるのだろうか。実はこれは近年に限った話ではなく、これまでもDiploma×KYOTOが常に直面してきた最大の命題であり、ジレンマである。これを解決すべく、幾代にも渡る試行錯誤の末に編み出された手法が、「評価軸」を設定することによる"究極の客観的審査"だったという訳である。しかしそれでも不完全であったと私は考えている。なぜならば、客観性の追求が必ずしも普遍性に結び付くとは限らないからである。
　なるほど確かに、この社会では個人は、常に他者による「評価軸」に参照される。望むと望まないに関わらず、誰もが社会の評価システムの中でしか活動しえない。従って、その「評価軸」が敷くところのフィールドにおいて自身の座標を定位する訓練は一定の効果を挙げることだろう。ところが、社会がいつも正しく、かつ「評価軸」そのものが十全に機能しているとは限らない。それにも関わらず、審査会において設計者に許されているのは"建築の提案"だけだ。しかるに設計者として生き抜くためには、"戦略"を持って提案し続けるしかない。設計者として余程の能力のレンジを持たない限りは、ひとところに定位することなど不可能なはずである。これは潔さというよりも、普遍性をもった評価などそもそも存在しないという諦めだと考えている。
　ここで注意したいのが、諦めとは必ずしも問題から撤退することではないということだ。諦念とは悟りの道でもある。「評価軸」から己を照らして診ることを止め、己の欲するところに融通し、無碍に立ち振る舞い、まんまと己の敷いた設計戦略を推し進めることが、かえって正鵠を得るということもあるのではないだろうか。私の師である高松伸は、それを常々、"己が膂力の証明"と語っている。そして、これは'14、'15において豊川斎赫、松田達の両氏が言うところの"直観"や"野心"にも通じると私は解釈している。そうでなければ、その設計者において認識されるところの、この世界の中に確かに存在する全ての建築的問題を、その提案の内に拾い上げることなど実質的に不可能だろう。
　この意味において、「評価軸」は克服されなければならない。

### 「批評」の萌芽

　手前味噌にやや過ぎるという愚を犯すとしても、結果として、2日目の審査は「評価軸」によらない審査会の在り方を示せたのではないだろうか。"結果として"と断ったのは、それが意図して企画されたものではなく、ハプニングであったからだ。
　この日の審査員は、学生と歳の近いメンバーで構成されていた。それは"大御所"による審査をおこなう1日目とは好対照であり、

これまでに無い新しい試みであった。

　特筆すべきは、後半のディスカッションである。審査員の要望によって、対面式での固定的な審査を急きょ取り止めにし、作品を巡りながらのスタンディングでのディスカッションによる自由な対話が始まった。審査は作品についての意見やアドバイスに終始した。それはまるで大学の製図室で先輩と後輩が建築について語り合っているようだった。ここで交わされた言葉は、1位を品定めするための言葉ではなく、作品の可能性や限界を示すような「批評」に繋がる可能性を孕んでいると感じた。それは「評価軸」による審査とは異なる次元において、作品に新たな価値を与えることになった。

"聞かれる"ために"語られた"作品
—

　ようやく総評である。今回の審査を「評価軸」を克服する枠組みとして「批評」に振れたものとして考えると、上位3作品は"語られ"なければ"聞かれる"ことのない声を語っていた作品という共通項があると言えないだろうか。

　例えば、1位になった川井さんの「とんまか」は、設計者として地域の人々と関わりながら生きたいという完全なる自己語りである。必ずしも計画通りになるとは限らないということはもとより承知の上だが、そういう声を持つ者がいるという視点に立てば、それはこの地域に夢を抱くことができることの証明として輝きを帯びる。実際のところこの計画の成否は、その夢を他者と共有することができるか否かにかかるが、そのプロセスは並大抵ではないだろう。しかし、建築へのモチベーションとは本来的にここにあったのではなかったか。

　また、2位の大森さんの「潮騒の神島家」は、神島の《青》く塗られた家屋を再構成することによって、群青世界を描き出して見せる提案であった。その結果として生まれた建築群には、およそ機能性や快適性、あるいはアクティビティの創出など、現代建築の常套句は一切聞こえてこない。ここで語られる言葉は、空と海に囲まれ、四季と密接に関係しながら暮らした日本人が自明のものとして語ることのない神話なのである。この《青》い風景が示唆するのは、かつて吉本隆明が『共同幻想論』において、日本の国家という概念そのものがなんだかよくわからないものを前提として成立していることを暴いたように、"原風景"の根拠となるものの寄る辺なさに違いない。

　更に、3位の谷戸さんの「融解する幻想」は、かつてジョン・ヘイダックが建築的形式の中に詩なるものを秩序化しようと試みたように、自然の形式の中に詩なるものを定性化しようと試みていると言ってよいだろう。しかし同時にそれは、人間不在による錯覚かもしれないというエクスキューズが付きまとう。静寂に包まれた無人の室内画を描き続けたデンマークの画家ハンマースホイは、「誰もいない空間こそ美しい」と語ったとされるが、「融解する幻想」というタイトルの欲望するところがこれに通じるとすれば、一切の建築的機能が排除された聖域を志向したとも言えるだろう。

　このように、上位3作品は見事なまでにそれぞれ異なった位相で、本来であれば語られることのないテーマを語ろうとしていた。それは、「批評」されることで見出された価値と言って差支えない。その他、ファイナルに残らなかった作品の中で、「批評」されることで新たな価値を見出せる可能性があると私が考える作品（ID027大須賀嵩幸「$f^3$——次世代型自在展開式農場——」、ID055草薙竜市「地図にのこるもの、のこらないもの、」、ID125平井彩夏「地の神秘 まちが育みまちが育つ教育空間」）を補足として挙げておく。

"OUR ARCHITECTURE"
—

　さて、2日目の顛末は以上の通りだが、「批評」を主題とした審査がおこなわれることにどのような意味があるのか付け加えておきたい。

　座談会でも話題に挙がったが、昨今では「建築家の職能」というものが曖昧になってきている。いろんな建築家像があってよい時代と言えるかもしれない。それが許されるということは社会が豊かであるということであり、建築が社会により密接な形で寄り添うことが期待されている証でもある。そうした状況下で、やはり性懲りもなく、建築に何が可能かと考えるならば、徹底して社会化されたところから考え始める他ないのではないだろうか。それはつまるところ、社会全体の中の一部として建築を定位し、かつ共に生きる全ての人々と建築の未来を共有していく作業である。

　そうして誕生する建築、いわば"OUR ARCHITECTURE"の一つひとつには、そこにしか宿ることのない密やかでいて壮大な物語が紡がれているに違いない。だとすれば、未来の建築家像とはそうしたストーリーテラーとしての側面を有する存在であり、これからの設計展はそうした物語を見出すことができるような形式を開発すべきだろう。偶然ではあるにせよ、その可能性が見出せたことに2日目の意義がある。

　来年度以降引き継いでいく後輩の皆さんには、ぜひそれを完成させて頂きたいし、きっと達成することと信じている。この点において、2日目の審査会に臨んだ全ての審査員や学生は、その初源に立ちあったと言って過言ではないだろう。

［引用・参照］
・ロラン・バルト／訳｜下沢和義『小さな歴史』［青土社］
・高松伸「乖離の力」『せんだいデザインリーグ2013卒業設計日本一決定戦OFFICIAL BOOK』［建築資料研究社］
・豊川斎赫「「直観」と「直感」のはざまで——Diploma×KYOTO'14の「評価軸」についての雑感」『Diploma×KYOTO'14』［総合資格学院］
・松田達「評価軸批判——エビデンシャリズムを突破する「野心」」『Diploma×KYOTO'15』［総合資格学院］
・吉本隆明『共同幻想論』［河出書房新社］
・デヴィット・シャピロ／訳｜高祖岩三郎「ジョン・ヘイダックの作品——外科的建築」『a+u 09:12』［新建築社］

# Day 3

2月29日［月］10:00–15:00
出展者、来場者による投票と講評

［テーマ］
東雲──しののめ──
東の空が白み、色付き始めるころ
我々がスタートを切った東雲の空が　今日を過ごす者の目に焼き付く

1日目、2日目に実施した来場者・出展者によるシール投票によって
選出された上位8名がこの日のプレゼンテーションに臨んだ。
多様な評価軸を受け入れるDiploma×KYOTOらしい試みだ。
質疑、そして最後の挙手による投票まで、自らが主体的におこない、
己の価値観をぶつけあう。ここから踏み出す新たな一歩のために。

# 事前シール投票結果

Day 1、Day 2シール投票結果（投票総数2255票）

・各カテゴリから以下の手順で2名ずつファイナリストとして選出する
1. 各カテゴリの1位を選出する。2つのカテゴリで1位の者については同率ではなく単独1位のカテゴリを優先する。
2. 選出された者を除外して繰り上げ、それぞれのカテゴリで2位となるものを選出する。
3. 同率2位が生じた「建築学部生（1-3回生）」では、Day1、Day2の受賞者と重複しない候補を選出した。

## 建築学部生（1-3回生）｜618票

| | | | | | |
|---|---|---|---|---|---|
| ● 1位 | 37票 | ID116 | 馬場智美 | 神戸大学 | 日向神峡の間──ダム湖の出現により浸水した峡谷と人との縁結び── |
| ● 2位 | 19票 | ID047 | 川本 稜 | 京都大学 | Spiral Extension──無限成長美術館── |
| | 19票 | ID093 | 谷戸星香 | 立命館大学 | 融解する幻想──自然界におけるディナージーを手掛かりとした紙により導き出される徴現象の表出── |

## 出展者｜542票

| | | | | | |
|---|---|---|---|---|---|
| ● 1位 | 21票 | ID103 | 中城貴宣 | 立命館大学 | 10万年の責任──美浜原発跡地利用計画── |
| 2位 | 17票 | ID116 | 馬場智美 | 神戸大学 | 日向神峡の間──ダム湖の出現により浸水した峡谷と人との縁結び── |
| ● 3位 | 15票 | ID055 | 草薙竜市 | 大阪芸術大学 | 地図にのこるもの、のこらないもの、 |

## 建築関係・大学院生｜252票

| | | | | | |
|---|---|---|---|---|---|
| 1位 | 13票 | ID001 | 相見良樹 | 大阪工業大学 | ろう |
| ● | 13票 | ID100 | 中居和也 | 近畿大学 | Borderless Art Museum──近江八幡 煉瓦工場再生計画── |
| ● 2位 | 8票 | ID129 | 廣田未紗 | 立命館大学 | 陶の棲家──個の絡まりによる断面風景── |

## 一般｜843票

| | | | | | |
|---|---|---|---|---|---|
| ● 1位 | 30票 | ID001 | 相見良樹 | 大阪工業大学 | ろう |
| 2位 | 23票 | ID116 | 馬場智美 | 神戸大学 | 日向神峡の間──ダム湖の出現により浸水した峡谷と人との縁結び── |
| ● 3位 | 22票 | ID055 | 蔡昂 | 関西大学 | 大地と空の輪郭 |

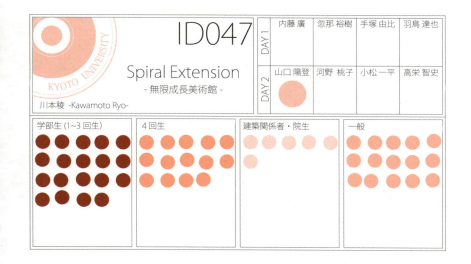

# 審査ドキュメント

**司会** | 本日は総勢172名から8名がファイナリストに選ばれました。この中から1位、2位、3位を決めたいと思います。全員のプレゼンテーションが終了後、来場の皆様による最終投票をおこないます。

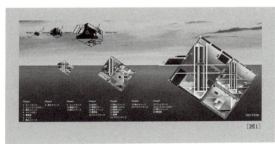

[図1]

---

**ID047** | 川本 稜 | 京都大学（→別冊P60参照）
Spiral Extension ──無限成長美術館──

**質問者** | 近畿大学の佐藤です。美術館が大きくなっていくと、展示空間のバリエーションが増え、遺跡のようなものまで収蔵できるということですが、そもそも各地の美術作品を一箇所に集めるということのメリットを教えて欲しいです。

**川本** | メリットというよりは、全てのものを集めるという夢のある建築です。地上の価値あるものを全て集めた保管庫みたいな建築に夢を見ています。

**川本** | 私は無限に成長していく建築システムを設計しました。着想はコルビュジェの無限成長美術館という螺旋型に成長していくシステムですが、それを螺旋は平行のまま、空間を3次元的に立体化した建築ができないかというのが始まりです。直方体が斜めに積み重なっていくことで大きくなります。船と同じように外壁の中に空間を持った構造を用いることで浮力を調整し、海に浮かべるようになっています。世界中の海を漂って美術品を集め、だんだん大きくなるというストーリーを設定しました。大きさに合わせて展示するものが変化していきます。最終的には、建築やら遺跡やらもっと大きいものも展示していきます。このパース［図1］は左から右に向かって成長している様子を表しています。フェイズというのは成長によって直方体が増築されていく段階を示しています。内部は螺旋の真ん中の紫のルート、下に伸びていく赤いルート、上に伸びていく青いルートによって3次元的に成長していく動線をつくりだします。

---

**ID116** | 馬場智美 | 神戸大学（→別冊P64参照）
日向神峡の間
──ダム湖の出現により浸水した峡谷と人との縁結び──

**馬場** | その昔、日向の神様が現れ、そのあまりの美しさに見惚れ

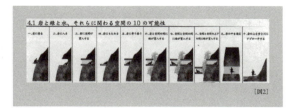

[図2]

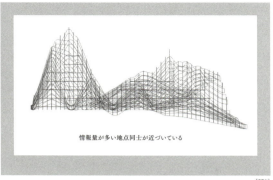

情報量が多い地点同士が近づいている

[図3]

たという伝説が残る峡谷「日向神峡」。福岡県南部に位置し、大きな岩が幾つもそびえる美しい峡谷です。弥生時代から昭和までゆっくりと発展してきましたが、63年前のダム建設によって周囲の集落や田畑が水没しました。本計画では、日向神ダムや千本桜があるダム湖一円を対象に、この峡谷の水とともにある建築を提案します。ダム湖の対岸に門とクライマックスとなる二つの建築「峡谷の門」「岬の展望台」を計画します。展望台は、ダムの年間水位28mを利用して設計し、14層のスラブと、スラブと岩の距離を操作することで、建築空間と岩肌の間に様々な関係を結んでいます。同時に、植生図をもとに緑のコアを設定し、スラブをくり抜くことで原生林を守っています。

**質問者**｜10種類の断面図についてもうすこし詳しく聞きたいです。

**馬場**｜安山岩が露出した特異な地形が持つ魅力を体験できる場所にしようと思い、岩、原生林、水、建築空間の関係を書き出し［図2］、それを各スラブに割り振ることで、岩肌と内部空間の間を回遊できたり、壁の片面が岩肌になっていたりします。

情報であるということを示したいと思いました。敷地は大阪の地下街です。まず、大阪の地下街での通信料、通信速度、wifiの数、人がどこに集まっているかということを調べ、それをもとに高さを割り出し形態化した［図3］のがこの模型です。また、それだけでなく普段は建築をつくる上で全く関係ない情報、例えば雑誌の量や、エレベーターの数、犯罪率やATMの数というものを地図化しています。これまで建築をつくるのに用いていなかった情報を建築のプロセスに取り入れることでその可能性が広がるのではないでしょうか。

**質問者**｜地図化することと、2次元化はよくわかるのですが、それを3次元化、建築化されていく過程がよくわからないので教えてください。

**草薙**｜情報力が高いところを地図に表し、その情報量の高い地点同士を点で結んで近づけることで形をつくりだしています。

---

### ID055｜草薙竜市｜大阪芸術大学（→別冊P66参照）
地図にのこるもの、のこらないもの

**草薙**｜現代社会はネットワークによってできていると言っても過言ではありません。ホットペッパーの情報や食べログの星の数によって、その場所に行かなくてもお店の情報が手に入ります。しかし、携帯やパソコンで知ることができる情報を簡単に享受してしまうというのは非常に危ういのではないかと考え、その情報を地図化し、

---

### ID103｜中城貴宣｜立命館大学（→別冊P68参照）
10万年の責任——美浜原発跡地利用計画——

昨年、若狭湾に面した原発銀座の一つである美浜原発の廃炉が決定し更地に戻すという計画が現在進められていますが、その原発を放射性廃棄物の処理が完了する10万年後の未来に伝

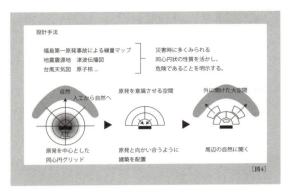

[図4]

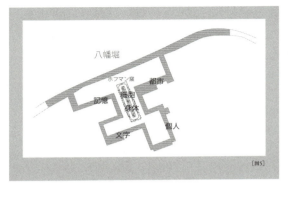

[図5]

えるモニュメントとして保存し、高度に複雑化した原発問題について熟議を誘発し、放射性廃棄物の管理に関する専門学校を提案します。原発はかつて雇用増大、地域活性化、経済効果波及等の利点があるとして歓迎されていましたが、現在では安全性や情報公開の不足といった観点から原発反対の気運が高まっています。限られた情報の中で原発の是非を個人が勝手に判断してしまっているという現状に疑問を持ちました。美浜原発は、日本初の商業用軽水炉型の発電機として、原発のパイオニア的存在を担ってきましたが、同時に数々の事故を経験してきました。美浜町は廃炉にあたって、雇用問題、交付金問題、風評被害の3つの大きな問題を抱えていると考え、原発を博物館化し、放射性廃棄物管理施設を併設することでこれらの問題を解消させます。まず、低レベル放射性廃棄物は原発の周辺にピット処分し、高レベル放射性廃棄物は地下300mに埋設処分します。建築部分は原発を中心に放射状グリッドで構成することで、原発問題から目を背けない為の求心性を生みだし、自然に対して開放的な空間をつくります[図4]。300年後には周辺施設は緑化され、かつて栄えた農林業を再構築し、自然と共存する暮らしをつくり出します。

レンガ工場後です。近江八幡の街中に古民家を改修したボーダレス・アート（「障害者と健常者」をはじめ、様々なボーダー（境界）を超えていくという実践を試みる）に関する小さな美術館があります。本計画はこの美術館をレンガ工場跡地に移し、より規模の大きい展示や、レンガ工場の空間特性を活かした新しい美術館として提案します。敷地にはもともとレンガを焼くための炉があり、その周囲に大きな切妻屋根がかかっており、それをデザイン要素として取り込みます。周囲のレンガでできているものが既存でそれ以外は新しく設計しています。展示は6つに分かれており、2つを炉の中に設置し、残りをその周囲に配置しています[図5]。展示空間は、大きな屋根を掛ける、八幡堀の水面の反射を生かすなとを組み合わせています。

---

**ID129** | 立命館大学 | 廣田未紗（→別冊P56参照）
陶の棲家――個のからまりによる断面風景――

1日目プレゼンを参照→P23

---

**ID100** | 近畿大学 | 中居和也（→別冊P70参照）
Borderless Art Museum――近江八幡煉瓦工場再生計画――

中居｜敷地は滋賀県近江八幡の八幡沿いに建つ廃墟となっている

---

**D062** | 関西大学 | 蔡昂（→別冊P72参照）
大地と空の輪郭

[図6]

蔡｜時間と人間と環境が豊かに関わりあう風景を設計しようと考えました。敷地は兵庫県西宮市山口。農林業を営む先人達が残してきたゆったりとした自然の中に、集落とニュータウンが入り混じっています。この一角に放置され手つかずの広大な空地があります。時間の蓄積を持つ集落と、賑わいに満ちたニュータウンの間に位置するこの場所に小学校を設計します［図6］。ここには四季に応じて異なる色彩で街を彩る桜の木、造成された擁壁と土手、水路、昔から変わらない地形があり、これらの特質を頼りに住宅スケールの教室を斜面、擁壁、水路の3つの環境に合わせて分散配置し、学校と住宅群が連続する風景を目指します。全体は大きな一室空間のようにつながり、地形のレベル差によって立体的に展開されます。また屋根がつくりだす第二の地形は新たな公共空間を生みだし、教室に挟まれた空間は季節のフィルターを通して彩られ、お互いが風景の一部として繋がっていきます。こうした操作によって大地と空の輪郭をつくりだし、敷地全体に広がる風景へと馴染ませていきます。この変わらない風景に価値を見出し、それを映し出す。そのような建築を設計しました。

質問者｜この敷地に小学校を設計しようと思った理由を教えて下さい。

蔡｜調査を進めていく中で、集落とニュータウンに亀裂を生むような小学校区の分け方に疑問を覚え、子どもの記憶の蓄積によって街がつながっていくのではないかと考えました。

## ID001｜大阪工業大学｜相見良樹（→別冊P8参照）
ろう

1日目プレゼンを参照→P25

### 質疑

質問者｜京都大学4回生の川上です。川本さんに質問ですが、プランがわかりずらかったので、どういう空間構成になっているのかを具体的に何か教えて欲しいです。

川本｜時間がなかったのでプレゼンでは省きましたが、エレベーションのダイアグラムを見てもらうと、赤色の水平に伸びていく螺旋に対して、上方に青色の下方に赤色の直方体が取り付くことで増築していきます。この中に動線、螺旋のルートを入れることで、箱が繋がり、螺旋ができて、動線が伸び、内部空間が成長していきます。

質問者｜京都大学の大須賀です。川本さんに質問です。数列的な展開の案だと思いますが、人間の使えない小さな空間からスタートして徐々に人間の空間になり、さらに超えていくというような可能性はなかったのでしょうか。

川本｜以前にも指摘されていたので迷いましたが、最終的には人間が収まるスケールから始めることにしました。圧縮というよりも成長ということがしたいと思っていたので、大きくなる方に考えてしまったのではないかと思います。また、直方体を集積させていくため、人間スケールではない、中に入れない直方体は空間化しにくい、というのも小さいスケールを扱えなった理由の一つです。

質問者｜草薙さんに質問です。手法について凄く共感できるのですが、建築の可能性というものを提案したとおっしゃっていましたが、具体的にここで見出された可能性とはなんでしょうか。

草薙｜そうですね。この会場にも目には見えませんがWi-Fiが飛んでいるように、目に見えないものを可視化することで、こういう場所なんだということがわかる空間がもっと増えていくのではないかと思いつくっていました。

質問者｜京都大学の志藤です。馬場さんに質問ですが、植物を守るという話がある一方で、岩肌をくりぬくということでしたが、そうすることでこの場所のよさを壊しそうだと思いました。そのあたりはどう考えておられるのでしょうか。

馬場｜私もそのことについては考えました。しかし、ダムができた時点でここの景観は大きく変わってしまっています。だから建築一つくらいは景観を破壊していいということではありませんが、この峡谷全体にある60ヶ所ほどの大岩の一つに建築をつくることで、単なる観光地ではなく、今より頻繁に訪れる人が現れたり、移住者が生まれるようになれば、それがこの峡谷を守ることにつながると考えました。現在では、杉の植林が放置され土砂崩れの危険性が高まっていたり、人口減少と高齢化で自治体の機能が維持できないという問題があります。

質問者｜大阪大学の澤田です。私も馬場さんに質問です。岩肌の魅力を伝えたいということで、建物内部では岩肌が近くに感じられ魅力的だと思いますが、遠くから見ると岩肌が建築で隠れてしまうと思います。建物の素材は何を想定していますか。

馬場｜コンクリートと鉄骨の混構造を考えています。景観的な配慮については、既存の展望台からの眺めに入ってこないように今回の計画をおこないました。

質問者｜大阪芸術大学の前沢です。蔡さんの作品に対する質問ですが、小学校というプログラムが成り立たなくなった後のことは計画されていますか。

蔡｜ここは西宮市山口の集落を支えてきた有馬川に面しており、山口らしさを最も感じる場所です。過疎化した結果、小学校としては機能しなくなった後も、街の人が使えるようなヴォリュームを配置します。

質問者｜京都大学の山本です。中居さんに質問します。前半でレンガの魅力についてや、レンガが上手く使われていないという話があり、後半でアートの話があったんですが、この両者のつながりについて教えて下さい。また、このアートというものが近江八幡に対してどういうよさをもたらしているのか聞きたいです。

中居｜まず、元レンガ工場だったということがレンガを使おうと思ったきっかけです。元々、製造したレンガを船を利用して運び、商業地や琵琶湖用水などに利用していました。その中でそうした古びたレンガのテクスチャが最適だと思い展示空間をつくりました。

質問者｜蔡さんに質問です。時の流れをこの建築においてどのように考えているのか教えてください。

蔡｜この卒業設計では日本のよさについて考え、内と外の境界があいまいで、木々の色で季節や時間の流れを感じることを重視し、時間と環境と人間が豊かに関わりあう建築を設計しました。この敷地を見つけた時に見えたのが桜の木でした。桜の木というのは日本ではすごく大切な、時間の流れを感じさせる存在だと思い、桜の木を残しながらボリュームを配置していきました。この小学校では、時計によってではなく、木の葉の色の変化や、教室から見える外の風景によって時間の変化を感じ取ることができます。

## 投票

会場とwebによる投票結果は以下

ネット投票

| ID | 129 | 47 | 1 | 62 | 103 | 116 | 100 | 55 |
|---|---|---|---|---|---|---|---|---|
|  | 廣田み | 川本 | 相見 | 蔡 | 中城 | 馬場 | 中居 | 草薙 |
| 票数 | 89 | 80 | 69 | 51 | 46 | 38 | 23 | 22 |
| 順位 | 1位 | 2位 | 3位 |  |  |  |  |  |

結果、Day3の1位はID129廣田未紗「陶の棲家──個のからまりによる断面風景──」、
2位がID047川本 稜「Spiral Extension── 無限成長美術館──」、
3位がID001相見良樹「ろう」となりました。
おめでとうございます。

# 受賞者による学生座談会

廣田未紗[Day 3|1位]×川本 稜[Day 3|2位]×相見良樹[Day 3|3位]×大須賀高幸[書籍班班長]×吹抜祥平[書籍班副班長／司会]

**吹抜**｜今回、それぞれどのような面から評価されたと思いますか。

**川本**｜ぼくは形が面白かったからかな。

**相見**｜たまたまIDが1番だったので来場者に一番最初に目が触れ、良くも悪くもそのままシール貼られた、ということもあったかもしれない。でも、良くも悪くもパッと見た時のインパクトが大事だと思っています。

**川本**｜それはわかってやっていますよね。

**相見**｜もちろん狙ってました。卒業設計の審査会は良くも悪くもアイデアコンペに近い。それを分かったうえで乗っかって、乗っかった3日間だと思う。

**吹抜**｜相見さんは結構審査慣れしていて、戦略がしっかりしているなと思いました。

**相見**｜出す以上、絶対結果は残したいといつも思っています。学外に出たら、大学の名前も看板背負っているので、作品同士が並んだときに隣の作品よりダサかったら嫌やなと、割とそういう喧嘩スタイルで取り組んでいました。

**廣田**｜誰か一人に評価されるためだけに建築を設計すると、その人のためだけの建築になってしまうのが私はすごく嫌です。だから、自分をしっかり持って、先生に相談するということを大事にしていました。

**相見**｜コンペのノリで出してはいたけど、決して審査員の傾向とかを見てつくっていたわけではない。そんなもの気にしてたら設計できない。先生の指導もありながら、自分の案の中で、やりたいことを突き詰めていました。最終的なアウトプットの質とかは正直まだまだ突き詰めれていないと考えています。いろいろ自分なりの反省点もあるけれど、自分以外からの評価も気にしながら、でも自分のやりたいことをやろうと思っていました。

**川本**｜2日目に審査員の山口さんに、ストーリーがない、コンテクストもない、そして形もないと言われました。コンテクストと言うのは、形にしても例えばメタボリズムと比較してどうなのか、ということだけど。それだとさすがに評価されないでしょと言われました。でもそんなのはしたくないと言ったら、ああじゃあ当然の評価だね、と。

**廣田**｜昨日の審査は建築を超えた本質的な話につながっていました。哲学的な方向に進んでいたというか。建築とは何かというところまで落としこんで議論するんだということを、自分は考えたことがなかったから、すごく刺激された。学校では3つの賞をいただきました。その一つが原広司賞というもので、その時に原 広司さんからすこしコメントをもらって「みんなは人のスケールで設計してい

るけど、私だけが(陶のスケール)で設計していて、そこがよかった」と。ただ評価よりも、まずは自分がやりたいことができればいいやという思いで卒業設計には取り組んできました。

それから3日目については、キャプションのシールが1日目に4つ埋まっていたんですよ。それが良くも悪くも流れをつくったかなと思います。

**大須賀**｜実を言うと毎日シールを貼り替えようという話もありました。それと、シールは一般の人が結構貼ってくれたので良かった。でも、そのあとの最後の会場投票がきついなと思いました。ネット投票はいつの間にか終わっていた。

**廣田**｜ネット投票と挙手投票を同等に扱うのは良くないですね。

**相見**｜それと、ただの質疑応答で終わるのではなくて「この案というのは実はこうですよね」というような学生間の講評会にしたかったです。

**川本**｜司会がいないと難しいよね。

**相見**｜会を進めていくうえで、よい方向に流れようが、悪い方向に流れようが、舵を取ってくれる人が一人はいたほうがよいですね。昔、倉方さんのレクチャーに行ったときに、「僕はとにかくわからなくても勝手に喋っていろいろ話をふるんだ。」と「それがあっても間違っててもそこから議論は発展していく」と話されていました。僕としては、2日目の審査はいい緊張感を保って、充実した時間を過ごせました。

**川本**｜倉方さんだったら「今こういう雰囲気ですね」とかたぶん言ってくれる。この先生は何を考えているかとか、今どういう感じでバチバチしているとか。そこまで言ってくれたら、わかりやすい。

### NEXTAとDiploma×KYOTO

**吹抜**｜今年は石川君や相見君のようにNEXTA(Diploma×KYOTOのスピンオフ企画として発足した主に3回生が企画・運営する設計イベント)にも参加していた人がかなり審査に残っていました。NEXTAとDiploma×KYOTOの関係をつくっていこうという話もありますが、NEXTAの経験が今回にどう生きたと思いますか。

**相見**｜NEXTAは終わってもそのメンバーで集まったり、卒計中間講評会というものをやったりしていました。出会った以上はお互い意識しあうし、ガッツのある人が集まっていたということがDiplomaにも結びついているかなと思います。

**川本**｜ぼくは、NEXTAのメンバーでDiploma×KYOTOを運営するのもいいかなと思っています。

**吹抜**｜昔は京都の6大学だけの規模だから「自主運営」が意味をなしていたけど、人数が増えてくると「自主運営」という旗印があまり意味をなさなくなっているのかもしれません。

**大須賀**｜確かにNEXTA幹部がDiploma×KYOTOに繋がるということも考えていいのかもしれない。

**相見**｜自分たちがイベントを企画して運営することはすごく意味があると思う。その中で質を上げていくというのは難しいと思うけど、そこは関西の学生がせっかく集まっているんだし、もうすこし進め方をマニュアル化すればうまくいくのではないかなと思います。ファイル名のつけ方とか、そういう細かいところからでもよくしていくことができる。次につなげていこうとするなら、そういう細かいところに気を配れる人でいたいですね。

**廣田**｜卒業設計は自分がやりたいことを本当に突き詰めて、表現したいことや、自分が今まで生きてきた中で気になったことを取り上げてやっていけばいいんじゃないかな。そうしたら本当に一生の中でのいい節目になる。運営に関しては、自発的に動くようにしないとダメですね。

# Essays 01

審査員エッセイ

卒業設計に臨む君へ

「広く」、そして「深く」｜内藤 廣
社会の中で無限に広がる価値を見い出す｜忽那裕樹
自分の世界観を表現するチャンス｜手塚由比
新しい問いを投げかける｜羽鳥達也

## 「広く」、そして「深く」

内藤 廣
Hiroshi NAITO

**卒業設計に期待すること、もしくは評価のポイントについて。**

若者が感じている今の精一杯の表現に触れてみたいと思っています。若いから当然、能力も経験も足りない。だから若者が自分の想いを建築という場で伝えようとすれば、「捨て身」にならなければいけない。その捨て身であるが故の過激さ、これだけは若者の特権。評価するとしたら、なけなしの貯金を使い切るようなその「捨て身」さ加減かな。それには大層な勇気が要るんでしょうね。その勇気のある者だけが、建築という大伽藍の門を叩く権利を手にするのだと思います。

ときたま思うのですが、この歳になっても、自分の卒業設計から一歩も出ていないと感じることがあります。要は、自分の中の芯にあるものを、暖め、育てることです。一人の人間に出来ることなんて、そんなものかも知れません。

**これからの建築を考える上で重要だと思われる社会の状況や課題、またそれをどのように変えていくか。**

情報革命が今後数十年に何を引き起こすか、それが人間そのものをどのように変えていくのか、あるいは何を変えないのか、これから目を離さないことです。建築は常に人間という不可思議な存在の傍らに居るのだから、この存在の変容から目を離すべきではないでしょう。建築単体を設計すればいい、という自己本位の時代は終わりました。雑誌を賑わしているような作品性自体も、大きな変曲点に来ているような気がします。

一発芸のような面白さは虚しいだけです。面白いけれど悲しい。もっと本質に迫るべきです。

**建築家の職能や役割は、今後どのようになっていくのが望ましいか。**

建築家は、建築という囲いを解いて、街づくりや地域計画にまで視野を広げ、その職能の範囲を広げていく必要があります。場合によっては、災害に対する知識も深めていく必要があるでしょう。

一方で、人間そのものに対する深い洞察力も求められます。情報革命がもたらす変革の最中、先の見えない不確実な世の中になってきているからです。人の心の持ちようも不安定なものになってきています。そうした不安定な心理を根に宿している身体、これを受け止めるのが建築です。

つまり、「広く」、そして「深く」です。これを「見識」と「思考」といいかえてもよいでしょう。たいへんですね。あわてず自分の中でそれを育てていくことです。卒業設計は、そのとっかかり、基点をつくる作業なのではないかと思います。

卒業設計に期待すること、もしくは評価のポイントについて。
卒業設計は、自分と社会との関係を、個々人の視点から見つめ直して提案するものです。自身の眼差しで徹底して社会を観察し、体感し、考察する先に形づくられるものです。可能なものと不可能なものとの狭間で、悶えながら設計に取り組み、最後に喜びを勝ち取って欲しいと思います。卒業設計の評価は、他人の評価を気にしたり、傾向を探るのではなく、設計提案の中で評価軸をも提示して問うことが、求められています。うまくつくることが重要なのではありません。何を問うて解決したいのかという、想いを表現する場としてください。社会に出る前に自己を見つめる機会とするために、チャレンジする姿勢で臨んで欲しいと思います。

これからの建築を考える上で重要だと思われる社会の状況や課題、またそれをどのように変えていくか。
身近な環境のいたるところに、感動できる発見が散りばめられていると思います。生活の中で常に興味をもって周辺環境を観察することから、小さな発見を得て、積み重ねていく気持ちを持つことが大切です。そこから、都市全体について、社会全体について、自分の体感した課題を信じて、そのあり方を創造していく姿勢が求められるのだと思います。そこから、それぞれのプロジェクトを考えていくのです。建築、土木、ランドスケープといった職能の枠を越えて、それぞれの場所に求められている状況を生み出すことを、空間づくりに活かしていくことが望まれます。我々の生み出す空間は、人々に使いこなされてはじめて生きることができます。人々が使いこなしている姿と共に美しい風景となるような場所を提供することを考えていく必要があると思います。

建築家の職能や役割は、今後どのようになっていくのが望ましいか。
今後の設計やデザインの役割は、現在より一層多様で広い関わり方が求められるようになると思います。それゆえ、大勢の専門家や、時には、市民や企業の方々と、共に創造する場をつくっていくことも増えています。また、設計行為の前に、まちづくりの活動を踏まえるものや、完成した後に、使いこなしを共有しながら地域に位置づくまで関わることもあります。自ら設計していない空間を、甦らせるプログラムの提供などの仕事も多くなってきています。より多様で複雑な社会において、設計をするプロセスを学んだ学生が将来、活躍するチャンネルは、無限に広がっているのです。しかし、今までのスキームや技術に満足しているようでは、社会に関わるチャンスを得られません。常に、新たな社会が求めている状況を生み出すという姿勢から、可能性を高めるアイディアを提案し続けることが、設計を学んだ人々に求められていることなのだと思います。その先に社会に関わる自分の姿勢とスタイルを確立して、誰かの笑顔のために戦い、次世代にその価値を伝えていくことを、楽しく取り組めるようになってください。

# 社会の中で無限に広がる価値を見い出す

忽那裕樹
Hiroki KUTSUNA

## 自分の世界観を表現するチャンス

手塚由比
Yui TEZUKA

**卒業設計に期待すること、もしくは評価のポイントについて。**

卒業設計は、何をテーマとするかから始まり、敷地設定、プログラム、デザイン全て自分で考えられる最初で最後のチャンスかも知れません。社会に入って仕事として建築をするようになると、敷地や予算やプログラムといったものはある程度決まっていて、その条件の中で考えるようになるからです。そういう意味ですべて自由な卒業設計は、自分の世界観を表現するチャンスです。普段から疑問に思っていることや、興味のあることを是非見つけてテーマとしてみて下さい。テーマの設定にあたっては、非常に個人的な理由があるとより共感を得られやすいです。そしてテーマが見つかったら、建築のコンセプトに落とし込んでみて下さい。コンセプトは出来るだけわかりやすく、そして具体的に。あぁそうだね。なるほどね。と見る人に思ってもらえれば、勝ちです。方向性が見えてきたら、ありったけの思考と作業量をつぎ込むこと。コンセプトも大事は大事なのですが、かけられた情熱に人は心打たれるものです。失敗を恐れずに、じゃんじゃん作り込んで悔いの無い卒業設計にして下さい。

**これからの建築を考える上で重要だと思われる社会の状況や課題、またそれをどのように変えていくか。**

今や技術は進歩し、人が技術に合わせるのではなく、技術が人に合わせることのできる時代になってきました。iPhoneなどはよい例であり、こどもですら簡単に使いこなすことができます。そういう時代だからこそ、人は本来あるべき人間らしい生活を取り戻せるのではないかと思っています。本来あるべき人間らしい生活とは、人と人のつながりや自然と人とのつながりを大切にした生活だと思います。ある懐かしさを感じさせるけれども、現代のテクノロジーがあるからこそ実現できる「懐かしい未来」をつくっていくのが大切だと考えています。

**建築家の職能や役割は、今後どのようになっていくのが望ましいか。**

建築家が関われる構築物のジャンルが広がり、今までデザインが重視されていなかったような領域（例えば高速道路などのインフラなど）のものが、きちんとデザインされる社会になるといいと思っています。

卒業設計に期待すること、もしくは評価のポイントについて。
卒業設計が実社会での設計と異なる特徴は「自作自演」であることだと思います。言ってみれば、自分でゲームをつくり、自分でクリアするようなものですが、その評価ポイントは、
1. ゲームの設定が新しいかどうか。要は新しい価値観を打ち出せているか。
2. そのゲームの必要性をうまく訴えられているか、それを解くこと、その挑戦にどういう意味があるのかを提案とともに表現できているか。
3. 既成のゲーム設定であったとしても、新しい解き方で答え、新たな問題を提起しているか。
4. 既成のゲーム設定で解き方が見慣れたものであったとしても、新しい表現を生み出しているか。

などです。実際にはどんな提案も複合的にこれらの要素を含んでいると思いますが、卒業設計として評価されるものは1や2の要素を多分に含んでいるものだと思います。3や4の観点で評価が高い人は実務家として優秀な人になる可能性が高い。ではなぜ1、2の要素を多く含む人が評価されるかというと、社会に染まりきっていない、敏感な感覚がある若い世代に期待したい能力だからです。ゲームプレイヤーであるか、ゲームクリエイターであるか。似ているようでまったく異なるセンスが必要です。新しい問い（ゲーム）を投げかける人を目指してほしいと思います。

これからの建築を考える上で重要だと思われる社会の状況や課題、またそれをどのように変えていくか。
建築が生まれる上で最も重要な発注者と設計者、施工者の関係、そして建築とその利用者の関係です。特に公共的な建築において、これらの関係が非常に危うい状態にあると思います。誰がプロジェクトの責任主体者で、意思決定者は誰なのか。プロジェクトの目的は何で、それは予算と見合っているのか、説明責任を果たせるか。そしてユーザーと共に、その建築がうまく利用される状況を育んでいけるか、など主体側の課題と、無用なデマに踊らされたりしない利用者、受け手側の課題もあると思います。そうした課題に対して建築家が関わって変えられるとしたら、建築が生み出される状況を肯定的な状況に持って行けるか、プロジェクトに関わるもの同士がお互いを思いやるモティベーションの高いチームを築けるかという点に尽きると思います。

建築家の職能や役割は、今後どのようになっていくのが望ましいか。
建築家が単なる設計者、施工者と異なるとすれば、それは「現在」の欲求に対して即応しきれない、最適化しきれない将来への余白、余長をもったものをつくってきた点にあると思います。それは見方によっては無駄だと捉えられてしまうかもしれませんが、「無駄」や「遊び」がない社会は息苦しい気がします。「必要な無駄」を生み出す性質を持った人たちは必要だと思うのです。そこで建築家が自ら施主になったり、施工者になったと仮定して、どうしたらそうした性質の人たちが社会に存在し続けられるのか、既成概念を取り払って考えてみる必要があると思っています。建築家はこれまでの地位を保とうとするのではなく、社会に対してその職能、職域を模索し続ける存在であってほしいと思います。

## 新しい問いを投げかける

羽鳥達也
Tatsuya HATORI

# Essays 02

審査員エッセイ

卒業設計の先に

忘れてしまっていい｜山口陽登
正直につくること｜小松一平
ともにつくるという新しい選択肢｜河野桃子
卒業設計の本質と、卒業設計失敗の手引き｜高栄智史

# 忘れてしまっていい

山口陽登
Akito YAMAGUCHI

## 底に流れるリノベーション

Diploma×KYOTO 2日目の審査を終えて、もう随分と前から感じてはいましたが、「リノベーション」が建築学生の底に流れる共通の概念なのだと感じました。とはいえ審査中はそんなことは思いもよらず、リノベーションの提案が並ぶ中で果敢に新しい建築にチャレンジしている作品を残そうと、短い時間の中で必死に新しさの断片を探そうとしていました。けれど今しばらく時間が経ち、それもやや的外れだったかと思っています。もはやリノベーションは新築のカウンターの概念ではなくなってきたのではないかと思うのです。

研究室にいた当時の自分の話をします。できるだけ格好をつけず、素直に書こうと思います。多くの人にとって卒業設計を思い出すことは、ちょっとした「恥ずかしさ」や「甘酸っぱさ」を思い出すことでもあります。例にもれず、私にとっても、それはこっぱずかしい人生の1ページです。卒業設計で考えたことを自慢げに語ることはとても難しい。私が卒業設計を提出した2003年は、ちょうど『団地再生計画／みかんぐみのリノベーションカタログ』(みかんぐみ著)や『リノベーション・スタディーズー第三の方法』(五十嵐太郎編著)が出版された直後でした。当時、私が所属していた建築デザイン研究室は大きく二つのチームに分かれて研究がおこなわれていました。一つは「コンバージョン・リノベーションゼミ」。今あるストックに対するリノベーションや転用の方法を、建築デザインの視点から提案するゼミです。もう一つは「サステイナブルゼミ」。建築を新たにつくる際の省エネルギー技術を研究し、提案を試みていました。改修と新築、両面から持続可能な建築にアプローチするような体制がとられていました。空間やディテール、美しさではなく、建築デザインが直接地球と繋がるような感覚を覚え、必死に研究に取り組みました。

## はずかしい卒業設計

そんな中、卒業設計に取り組みました。私の卒業設計は言わば「橋のコンバージョン」。大阪にかかる巨大な橋にさらに巨大な建築物をダブルスキンのように増築し、橋を取り込んだ巨大な省エネルギービルをつくるという提案をしました。しかし時代の風向きは「ささやかなリノベーション」。巨大な橋をさらに巨大化させるとは何事か、と批判があったのを鮮明に記憶しています。私が卒業設計を提出した2003年は、今年で14回目を迎える仙台の卒業設計日本一決定戦の記念すべき第1回目の年でした。意気込んで応募しましたが、1次予選を突破するも2次予選で敗れ、ファイナリストに残れませんでした。今思えばサステイナブルデザインを心の底から「面白がる」ことができていなかったと思います。研究したいテーマではあったけれど、「面白くてしょうがない」テーマとは思えていなかった。今でも卒業設計を思い出すのが恥ずかしいのは、そんなところに理由があると思います。

大学院を卒業後、設計事務所に就職しひたすら新築に取り組みました。もう何も考えず、とにかく必死でした。その後独立。本当に考えたい、つくりたい建築、自分がおもしろいと思える建築を考えようとゼロからスタートしました。もちろん卒業設計のことなどすっかり忘れて。

## ひょっこり顔を出す卒業設計

今、独立して3年目。小さな住宅を設計しています。クライアントは私と同世代の4人家族です。2人の子どもたちにとって、この家が幼少期の膨大な記憶の器になるだけでなく、ずっと住み続けるかもしれないと考えると、どうやったら住宅が長く使えるのか、いかにリノベーション可能な建築を新築するか、ということを自然と考え始めました。ふと、卒業設計で考えていたリノベーションと新築をあらかじめハイブリッドするような建築のことを無意識のうちに考えていたことに気づきました。と同時に、僕の卒業設計が「ささやかではない批判的な改修」と「無自覚ではない新築」をハイブリッドして同時に提案したいと思っていたことに14年を経て気がつきました。当時、心の底から面白がることができなかった、でも1年間かけて取り組んだテーマに、別のルートからリアリティを携えてたどり着いたような気がしてとても嬉しかった。

## 忘れてしまっていい

よく「卒業設計はその後の建築の人生で考え続けるテーマになる」と言われます。僕自身もその通りだと思うのですが、やや言葉足らずだと感じています。つまり、設計を続けていると、望むと望まざるに関わらず、卒業設計はひょっこり顔を出す。なので、はずかしい卒業設計は一回忘れてしまっていい。その方が気が楽だし、楽しく設計することができる。そしてこれから卒業設計に取り組む人に言いたい。「思いつめる必要はない」と。楽しく取り組んでください。

# 正直につくること

小松一平
Ippei KOMATSU

大学を卒業してから今年でちょうど10年たった。この10年を振り返ってみると思いのほかたくさんのことがあった。変化があまり好きではない性分だから、いろいろなことに身をまかせながら、巻込まれながら、今ここにいるといった感じである。しかし、本当に好きなものや興味のあるものは自分から自然と求めずにはいられない。

僕が大学の頃は、毎日図書館で建築の本を手当たり次第に読んでいたし、おもしろそうな建築があれば野宿してでも見にいった。大学1年生の時にはインドへ、3、4年生では西ヨーロッパや東南アジアへ行った。読んだ本や、経験した事を言葉でいいあらわすことは難しいが、今の僕の価値観や考えの少なくない部分をかたちづくっている。いろいろ考えたり思ったりしていることを保留のままとめていることも自分の中にたくさんある。時々取り出しては少し考えたりしてみるけど、またそっと仕舞ってしまう。この原稿もそんな保留にしていることを取り出して書くことになった。

僕の大学の卒業制作は「心象のリアリティ」と題した作品だった。奈良市の、かつて平城宮がおかれた場所は現在広大な原っぱになっているのだけと、そこに当時の建物が1つ2つ復元され、復元や観光客の為の整備事業が続けられている。僕はこの復元にたいして違和感をもっていた。
復元された建物に何の価値もなく、このまま建物が復元され続けられるようなことになれば、つくられたテーマパークができてしまうだけだと思ったからだ。

それに対しての僕の提案は広大な原っぱには建物を建てずに外周部に博物館を計画し、さらに、外周部の建物のファサードが光源となって、広大な原っぱに当時の建物の姿をレーザー光線で浮かび上がらせるというものだ。夜になると幻のように当時の建物が姿を現し、夜が明けると、もとの原っぱがただボイドとして存在する。10年前はまだなかったが、今のプロジェクションマッピングのようなイメージだ。

僕はこの提案で、「建物を主題としない卒業設計」というものを提案したつもりだ。大阪芸術大学というところは、建物の計画や構造などはもちろん一通り学ぶが、これは建築なのか、建築になっていないのかみたいな抽象的な議論がおこる場所であった。僕もそういう抽象的な議論が好きだった為にこういった卒業制作をつくった。当時の学内講評会での評価は二分し、最後はよい結果を得られず僕の大学生活は終わった。そのときの悔しさは今でも記憶に残っているし、建築をやめようかと本気で考えた。

当時はたいそうな問題でも時間が経てば笑い話である。(その後、評価はいかにあてにならないか、いろいろな場面をみて実感することになるので辞めなくて正解である。)

卒業設計は本当に好きなことを題材にしてほしい。自分は何が好きで、だからこういう卒業設計をするんだという意思が大切だと思う。自分がおもしろいと思ったことを信じる。評価や他人にどう思われるかは二の次。だから、自分が好きなもの、信じられるものと大学4年間で出会ってほしい。たくさんの本を読んだり、建築を見にいったり、いろいろなことを数多く経験した中からそれは生まれてくるはずだ。

審査当日のメモ書きが残っていた。そこには「自分のできる範囲にひきずり込むな」と書かれていた。ゴールが見えていることをこなす作業は楽かもしれないし、それなりの完成度にはなるのだろうが、おもしろくない。どうせなら、成功するか失敗するか、どうなるか分からないことに取り組んでほしい。

自分の設計する建物は、自分を映し出す。器用な人は器用な建物を設計するし、几帳面な人は几帳面な建物を設計する。建物を設計するためには、たくさんの複雑でややこしいことを一つひとつクリアしていかなければならない。自分とは違うことも受け入れざるを得ない時もあるし、経済的な制約もある。

最も大事なのは自分に「正直」につくっているかだと思う。この設計者は「正直」にこの建物を設計しているんだろうかと疑ってしまうような、設計者とその建物が結びつかないことがある。評価を気にして本当の自分を隠していたり、誰かのまねごとをして簡単に建物を設計してしまったり。

学生時代、自分よりも優秀な人はたくさんいたし、思い通りに作品を表現できなくて悩むことも多かったり、良い評価を受けられずに悶々と学生生活を送ってきたが、常に「正直に」設計してきたつもりだ。

そして僕は、これからも自分の設計する建物だけは「正直」であろうと思う。じゃないと、僕が建物を設計する意味なんて一つもないと思っている。

# ともにつくるという新しい選択肢

河野桃子
Momoko KONO

学生時代の設計課題では「新しい、見た事のない空間をつくること」を目指す指導がおこなわれていました。建築学科での4年間、私はあまり優秀な学生ではありませんでした。いつも課題は提出ぎりぎり、詰めの甘い計画でプレゼンは下手くそなまま提出していたわけですが、この目指すべき「新しいもの」が、何のため、誰のためのものなのか、自分の中で納得いく答えが見つからず、いつも戸惑っていたということが大きな理由でした。今になって思えば、柔軟にものごとを捉えるトレーニングだったと思うことができますが、やはり偏った、間違った教育だったんではないかと、今だに、少し反抗的な気持ちも抱いています。

しかし、そんな戸惑いを一掃して下さったのが、卒業設計の指導教官だった竹山先生でした。先生は、「都市に事件を起こすんだ」とか「メロディーを奏でるような…」とか、実に楽しそうにご自身の設計に取り組まれており、その設計プロセスにどんどん引き込まれていきました。この竹山先生の元、卒業設計では仮想の住人たちを思い描き、その人たちがつくる暮らしのキャンバスが、小さな素敵なまちになっていくような集合住宅を、楽しく計画することができました。結果的に学生時代の最後の最後に大きな舞台で評価していただけたことは、私にとって「信じる道を進んでいいんだ」という大きな自信につながりました。

その後、大学院を1年間休学しインターンシップ生としてスイスの設計事務所に勤務しました。その間に知り合ったハーフペルー人の友人と、彼女の家族がペルーに建てる予定の別荘を計画しました。ここで住まいへの理想やわがままをたくさん抱いたご家族とともに、彼女たちの理想を自由に描いてもらったスケッチを組み合わせてファサードを構成するという設計手法を実践。その計画がSDレビューで高く評価されました。私たちがお施主さんと「ともにつくる」を実現したはじめてのプロジェクトでした。

卒業後は設計事務所で経験を積み、いずれは自分で仕事をしていきたいと思っていましたが、就職予定だった事務所では、設計と建設の現場、お客さんが遠くにあることに違和感を感じ、どうしても素直にがんばることができず就職を辞退してしまいました。もっと、どんな人が、どのように、建物をつくっていくのかを感じ、勉強しながら設計をしていきたい、という想いから、当時同級生で後に夫となる河野直と、理想の設計事務所を構想しました。それは、計画する人(設計者)、つくる人(職人さん)、住む人(お施主さん)が同じテーブルを囲みながら、話のできる小さな事務所。設計も建物をつくることも大変なことだけれど、すごく楽しくて素敵なプロセス。それを三者で分かち合えるような小さな事務所です。何のツテも、仲間も、コネもなかった私たちが当時思い描いた理想のチームは、立ち上げ6年目に入った今、一つのかたちとなってきています。

現在私たちは、設計スタッフ3名、専属大工さん1名、アルバイト・インターン数名の他、一人親方としてお仕事をされている、若い左官職人さん、木工職人さん、縫製職人さん、小さな会社を経営されている電気工事士さん、不動産屋さんなどを仲間に「ともにつくる」をモットーに、おうちやお店の設計と施工を請け負っています。

大切にしていることは、設計プロセスで期待を越える提案をすること。施工期間中はお客さんにも現場に入ってもらう機会を設け、職人さんと顔の見える関係を築くこと。お客さんとは引き渡しまでに、いつでも気軽に連絡を取り合えるような関係を築くこと。設計スタッフも現場に入ってできる工事はおこなうし、お客さんも現場の掃除をすることがあります。設計事務所とも、工務店とも、ちょっと違う私たちのやり方です。

大学卒業後、私たちが進むべき道に迷い、就職したい先が見つからずに起業したのはつい最近のことです。4年間建築設計に真剣に取り組んだ学生さんたちが、明るい未来に向かって自由に、自分たちの信じる道を切り開いていくこと願うとともに、私たちのように「設計者」と「職人さん」が一体となり、「お施主さん」を巻き込んで設計・施工を進めるようなやり方が、一つの選択肢となっていけばいいなと願っています。

# 卒業設計の本質と、
# 卒業設計失敗の手引き

高栄智史
Satoshi TAKAE

全国各地で卒業設計を競い合う催しが盛り上がる中、近年の学生たちは人生で一度きりのチャレンジにどうやれば勝ち残れるか・評価してもらえるかをとても丁寧に分析している。たくさんの記録本を手に入れ、熱心に過去の先輩の作品をみていることと思う。現にこれを読んでくれている多くの学生たちも、将来自分たちの卒業制作をどのようなものにすれば良いか、その手がかりを知りたくてこの本を手にとってくれたことだろう。とても良い心掛けとモチベーションなので、そのまま最後まで突っ走ってもらいたい。

ただ結論から言うと、ここで絶対的な「勝ち残る方法」を伝えることはとても難しい。評価軸というのはその都度変わってくる上に、審査員の組み合わせやその時々の流れによって結果は大きく動く。また自分は卒業設計では盛大に失敗した身なので経験談としては語れない。しかし、考えるに卒業設計の本質はきっとそういったところには存在しない。では卒業設計はいったい何のために、誰のためにあるのだろうか。

前置きが長くなったが、ここでは自分の卒業(修士)設計と、それが卒業後の自分の設計にどう繋がっているのかを書くことになっている。修士設計では「建築の速度 sequence of scenery / sequence to scenery」というタイトルで「建築の4次元性」をテーマに考えた。内容については『トウキョウ建築コレクション2013』(発行|建築資料研究社)に載っているのでそちらを読んで頂けたら幸いである。

もともと修士設計では将来自分がどのようなスタンスで建築と向き合っていくか、その基礎となるものを見つけ出したいと意識していたので、学生時代に考えていた建築への思想をとにかく精一杯その中に詰め込んだ。それら多くの視点を最終的に一つの建築という"かたち"としてまとめることになったが、そのかたちにはたくさんの可能性を内包しているようにしたかった。今思えば、そこには矛盾があってもよいと思っていた節があり、失敗することを前提に未完成のまま終わらせることを無意識のうちにわざとやっていたようにも思う。完全に内容を理解された上で評価されようとするよりも、それらを目的とするのではなく、将来のためにその提案自体に余白や捉え代を与えたかった。修士設計が完全なものとして完成してしまえば、社会に出て建築家としてそれらの思想についてやることがなくなってしまうからである。

卒業後の設計では、ほぼ全てがその修士設計につながっている。とはいえ「あの時考えていたことを実現する」というよりは「今考えているこの計画は、実は修士設計の中で既にこのように考えていたのではないか」という発見に近い。多くの諸先輩方が仰るように「人生の中でこれほどまでに辛かった設計はない」というくらい全力で自分自身の中にある建築の価値観と向き合った経験は、必ず自分の設計の原風景として潜在している。だからこそ、卒業設計では精一杯悩むことがその後の自身の設計に活きてくるのだと願いたい。

当然のことだが、学生を卒業をすると必然的に建築の設計というものは(そこに設計者としての思想は内包されつつも)施主や利用者、そしてその周りの地域・社会のためにおこなわれるべきものとなる。そのような意味で、卒業設計とは社会に出る前の「自分自身のために建築を設計できる最後の機会」であることがわかる。(ただし、それは社会にとって自分自身がどういう価値になることができるかということ)

また、これまでの設計課題やコンペでは与えられた問い(敷地や条件)への解答だったのに対し、卒業設計では自分自身で問いを見つけ出さなければならない。幼稚園から大学3年生までの教育期間の中で、問いと解答の両者を同時に扱う場面はほぼ経験したことがないはずだ。

そのような意味で、卒業設計は「最初の経験」となる。まずは問いを見つけることが大切であり、その問いこそが「自分自身に内在する建築への思想」を発見する手がかりになる。あらかじめ結論付けた答えに対して問いを投げかければそこに整合性は生まれるが、どうせなら世界中で自分だけしか答えられない問いを見つけ出してもらいたい。

卒業設計は「最後」で「最初」の設計である。これまでの、そしてこれからの自分の為にしっかりと卒業設計を見つめてほしい。

問いを難しくすればするほど答えにたどり着けず失敗するかもしれない。悶々としてどこか煮え切らないまま提出の期日を迎えてしまうかもしれない。しかしそれこそが卒業設計の本質であり、今後の人生をかけたいと思えるほどの問いを見つけられることができれば、あなたにとってこれほどまでに幸せで充実した卒業設計は他にないだろう。
"失敗しなければ、成功するまで続けられない。"
恐れず自分自身の建築に精一杯向き合って、日本一悩んでほしい。

# All Entries
出展者一覧

### ID002
**秋吉俊希**
大阪工業大学
空間デザイン学科

旧後森機関庫再生計画
——駅と図書館の複合による賑わいの創出——

時代の変化に取り残された豊後森機関庫。今は歴史的価値を評価され廃墟として残されている。しかし、役目を失った建築に人の所作は介在しない。そうした放置された建築は本当に建築と呼べるのか。建築は人々の営みがあってこそ活きるのではないか。そこで、この機関庫を再生し市民の活動の場として新たな賑わいを創出する。

### ID003
**浅井翔平**
滋賀県立大学
環境建築デザイン学科

都市、建築、再生。
小さな建築が都市を再生させる。

私達は豊かな暮らしを与えられた。何不自由のない生活を送ることが出来た。しかし、創造しなくなった。豊かすぎる暮らしは私たちを不健康な暮らしへと導き自己中心的な暮らしをするようになりコミュニティー、自然環境を失った。私たちは取り戻さなければならない。豊かさやコミュニティー、自然環境、そして創造する心を。

### ID004
**足立和人**
大阪工業大学
建築学科

移ろいゆく季節のなかで、
いつまでも色褪せないもの

福住という歴史のある町、そこには過去から引き継がれてきた豊かな文化や生業が存在していた。しかし、現在は存続の危機にある。100年、200年とこの町を守っていくため、血縁に頼らない「新たな3世代」を提案する。建築は人と人を繋ぎ、さらに、季節に応じ変化していくことで人間味に満ちた暮らし方を取り戻していく。

### ID005
**井垣義稀**
大阪工業大学
空間デザイン学科

Yodo historical district project
—— 人馬一体都市 ——

舞台は京都市伏見区淀地域。この地に、引退競走馬の余生のための空間を創造し、人々と引退競走馬を、街の歴史をつなぎ合わせる時間性をはらんだ場を生成し、人馬一体となって過去(記憶)・現在・未来(余生)をつなぐ。淀の歴史と現状の課題を、両者の資源、新たな空間と時間の挿入によって結びつける提案である。

### ID006
**池田明徳**
神戸大学
建築学科

群生する樹の町——潮騒のまち串本における役場・
小学校の斜面地移転と点在する樹状避難小屋——

串本町において近年発生が確実視されている南海トラフ地震に伴う津波に対し、高台の土地不足によって低地の役場や小学校は行き場を失っている。市街地には低層の建物ばかりで住民の避難可能距離内に避難先はない。串本の町を津波から救うための広域的な低地の避難小屋と斜面地の公共施設とで町の行く末を見守る提案をする。

### ID008
**池田みさき**
神戸大学
建築学科

君と共に
——滞在型産前・産後ケアセンターの提案——

お産の場に加え、いろいろな感情や体験を様々な人と共有することでより豊かな周産期の体験ができ、今後の育児のための繋がりをつくる場の提案。ここで産んだ、産まれたという場所への思い入れが、『はじまりのふるさと』と呼べる場所を生み出すと考えた。育児につまずいたときに帰ってきてほっとできるような、新たな出産の場。

## ID009
### 石井絢子
京都建築大学校
建築専科

hommage zero

三重県鈴鹿市三畑町、かつて北伊勢陸軍飛行場があったこの地に一基のみ現存する有蓋掩体壕。一度も使われないまま終戦を迎え、現在は農業用倉庫として使用されている。時間とともに人々は戦争の記憶を忘れようとしている。ここを未来への希望をこれからの若者に託す、未来への誓いの場とする。

## ID010
### 石井佑梨
京都建築大学校
建築専科

エンディングハウス
──大切な人との別れの準備場──

老人ホームと集合住宅とを組み合わせることで、少しでも長い時間、家族が一緒にいられるようになる。生きていないと感じられない幸せをみつけ、命の尊さのようなものを考えてみてほしい。当たり前のように繰り返される日々にかけがえのない美しさがある。美しさを体感し心が和やかになる物語が生まれるような空間を目指す。

## ID012
### 石川雄大
神戸大学
建築学科

0、世界に拓く新たな結合

現在、日本では地域に立地する企業同士で新たなネットワークを構築し産業の競争力強化や地域経済の再生を図る動きが進みつつある。関西文化学術研究都市、精華・西木津地区。この地区には50近くに及ぶ研究開発型企業が集積している。企業同士の一体感が乏しいこの地域に交流連携を図る施設を提案する。

## ID013
### 石坂 臨
武庫川女子大学
建築学科

渺茫たる誘い
──科学技術を象徴する街のアウトリーチ拠点──

筑波研究学園都市は歴史的にも価値のある研究開発拠点である。だが、その要素である研究機関は国際科学技術博覧会以降人々の記憶から薄れている。しかし、子供の理科離れにも関わらず、日本が世界的にもゆるぎない技術立国としての地位を確立しているのは研究機関の力である。そこで、本提案では研究機関のコア部を残し、広報拠点を街中に再編成する。この建物を核とし、歴史や研究成果を伝える場所としてこの地域の無限の魅力を引き出す。今回はJAXAの広報拠点を設計する。

## ID014
### 泉 亜門
立命館大学
建築都市デザイン学科

archiCLOTHES
──衣服の型紙で作る建築のかたち──

「建築」と「衣服」を横断的に捉えてみる。洋裁において、服を作るときの生地を裁断する形状を規定し、縫製指示に関する事項が記載される型紙。洋裁における型紙は、建築における図面のようなものである。衣服で使われる型紙で建築のかたちを作ることを考えた。

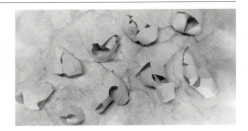

## ID016
### 伊藤信生
大阪芸術大学
芸術学部建築学科

廻る

通過儀礼はビジネス化されている。本来は儀礼により人の生を祝い、偲び、想い、これまでの軌跡とその先を感じ、流れる時間を知ることの方が大切であると考え、様々な時間を廻り、生きた足跡を残す指標を自らでつくり、個々の居場所を生み出す。廻り、折り、刻む、これを新しい儀式として提案、そのための建築を設計する。

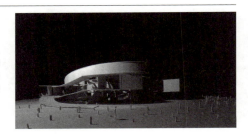

## ID017
**乾 翔之助**
京都建築専門学校
夜間部

水　みる　ミュージアム

水みるミュージアムは、水の煌きや水の流動性、そして水の静けさを感じられるミュージアム。建物内を歩きながら、頭上から落ちてくる水を眺めたり、足元を流れる水に戯れる。そんな水の変化を楽しんでほしい。

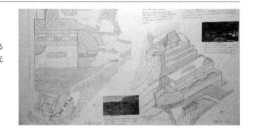

## ID018
**井上あかり**
滋賀県立大学
環境建築デザイン学科

団地の記憶が創るまち

高度経済成長期に建てられた知立団地は老朽化が進み建て替えの時期を迎えている。さらに外国人居住者が過半数を超え外部から孤立してしまっている。しかし、財政難により更新が困難なのが現状だ。現代に合った方法で知立団地を解体し再生させる方法を提案する。

## ID019
**井上 怜**
立命館大学
建築都市デザイン学科

生き残る駅

本計画では地方都市における新たな交通結節点のあり方を提案する。駅にさまざまな交通機関を集約することで、地元住民や交通機関を利用する人々の交流を促し、人々の集いの場所となるように計画する。駅がランドマークのような存在となり、人々が交通機関を利用する機会を向上させることを目的とする。

## ID021
**上坂 僚**
立命館大学
建築都市デザイン学科

ぬくもりの透き間
——城崎温泉における旅館学校の提案——

観光地は「おもてなし」によって人々を癒してきた。そして近年は各観光地で競争が強いられ、もてなすことに力を注がなければならない。この「おもてなし」の心はどのように学び、体現すべきであろうか。ここでは城崎温泉に旅館学校を計画し、町ぐるみでのおもてなしのあり方を提案する。

## ID022
**宇梶紘矢**
大阪工業大学
建築学科

千里の道も一箱から

建築は完成と同時に老い始め、短い時間で衰退し寿命を迎える。初の大規模ニュータウンとして計画された理想都市千里ニュータウンも周囲の発展に取り残され、今ではオールドタウンとなっている。完成しながらも停滞しない建築を考える。ここは全国から集まる夢を追う若者と千里の人々によって進化を続ける更新都市となる。

## ID023
**内田裕介**
大阪大学
地球総合工学科

祭を紡ぎ、纏い、継承する

新参者をうまく受け入れられずに担い手が少なくなり始めた祭と街の玄関口としての魅力・地域性を喪失した駅を融合させることにより、互いの本当の魅力を引き出させ、数十年先に駅も祭も栄えているような建築を提案する。

### ID025
**WANG JUNQI**
京都大学
建築学科

SOUND THEATER：詩吟館

中国浙江省杭州市の都心部にある水域面積6.5平方kmの「西湖」という湖の一画をイメージ上の敷地で、朗読劇のための浮遊劇場を設計する。西湖にまつわる古き物語が今でも語られており、物語の舞台で朗読劇を上演する架空の劇場をコンセプトで、建築がどのようにストーリーを語れるかを試みる設計である。

### ID026
**大崎圭祐**
大阪大学
地球総合工学科

The ark of city

近代都市において、ヒトの自然への憧憬は公園という形を介し、一種のユートピアとして街に存在していた。社会フレームが変化し、街において緑がもはや希少ではなくなる時、公園の概念もまた変わる。柴島浄水場の再開発において、都市へと自然を戻しつつも、疑似自然を再現する以外の、新しい公園の在り方を模索する。

### ID028
**大谷 葵**
京都建築大学校
建築学科

まちを守り続けるために
──重要伝統的建造物群保存地区における空き家改修計画──

人口減少に伴う空き家の増加と建物の老朽化による景観の乱れ。重要伝統的建造物群保存地区である奈良県橿原市今井町においても、例外なく押し寄せる社会問題の波。このまちを舞台に、子育てのしやすいまちづくりをテーマとして、空き家の新たな活用法を提案する。誰もが住みよい、住み続けたい今井町であってほしい。

### ID029
**大西香穂**
京都女子大学
生活造形学科

創造的まちの居場所

京都市下京区六条通り商店街を中心に、まちの居場所となるサードプレイスを設計した。コンセプトは、家に住み、"まち"に住む。本来は家の中で完結する生活機能をまちの中へ取り出し、多くの人と共有することで、有機的な第3の縁を生み出すことが期待される。

### ID030
**大前 敦**
立命館大学
建築都市デザイン学科

降り注ぐ葦の階調
──町と自然を紡ぐ──

生活の一部として昔年から利用されてきた葦であるが、近年は需要低下の問題に陥っている。さらにヨシ原の風景が失われつつある。そこで、本来は通風や採光を目的とし利用してきた葦簀を建築要素化することで新たな空間の関係性と環境保全手段を同時に創出する。

### ID032
**奥田まり**
武庫川女子大学
建築学科

Surrealism Architecture

合理的で機能的に与えられた世界に、自らの想像力を掛け合わせることなく生きることが当たり前となった現代。人を包み込むことのできる美術品である建築を自己の無意識下の世界を表現することにより描く。生み出される見る者の記憶や本能、連想に語りかける建築をSurrealism Architectureとして提案する。

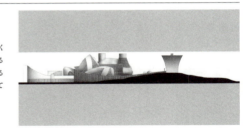

### ID033

**垣内美帆子**
京都大学
建築学科

鼓動 ── agriculture & architecture ──

大地の恵みを通して、建築と大地が響きあうことはできないか。人がこの世で生命を営むとき、建築と農業は常に人と共在り続けた。大地の雄々なちからを秘めて伸びゆく植物の力と、建築による空間が人と敷地に与える力が呼応するとき、その空間は脈動をはじめる。

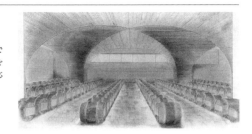

### ID034

**陰山千夏**
立命館大学
建築都市デザイン学科

老いと生きる学び舎
──超高齢化社会を支えるランナーたち──

「超高齢化社会」を迎え、街には多くの老人たちがあふれている。元気な老人たちのエネルギーを集め、社会を活発にする潤滑油として再び街に発信する、老人のための拠点が必要である。生きがいを見つけたシニアランナーはコースを巡り、彼らのエネルギーは街全体を巡っていく。

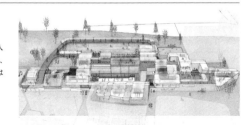

### ID035

**鍛治田祥尚**
大阪市立大学
工学部建築学科

城跡

城跡及び文化財は「表面上の冷凍保存」されることで「城があった痕跡を残す」という本質を失い形骸化している。いまこそ文化財そのものが持つ本質に目を向けるべきではないだろうか。文化財が最も多く、建築の規制が厳しい奈良から始まる文化財の保存と本質を追求した建築を提案する。

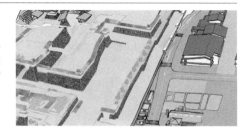

### ID036

**勝 孝**
京都工芸繊維大学
造形工学課程

更新
── 住宅と都市をつなぐ緩衝帯 ──

敷地は山ノ内浄水場跡地。かつて我々を地下インフラとして支え続けた浄水場は姿を消した。しかし、地下には約10,000㎡もの空間が残されている。そこで膨大な地下空間を掘り起こすことで空間を更新し、新たな地下インフラの在り方やふるまいを提案する。地下のふるまいが地上へとにじみだし、人のアクティビティーを誘発する。

### ID037

**加藤彩季**
京都大学
建築学科

遊園地を脱構築する話

近代の始まり、シカゴ万博で生まれた観覧車。遊園地は人の根源的な空間的喜びを求めたビルディングタイプのひとつなのではないか。敷地は化女沼レジャーランド跡地。廃墟好きの聖地であるこの場所は物語のきっかけがたくさん散りばめられている。廃墟となった遊園地に新しい価値を見出し、特別なホテルを設計する。

### ID038

**加藤 慶**
京都大学
建築学科

ANCHOR ── 暮らしと学びのよりどころ ──

とある漁村集落。過疎化が進み、限界が見え始めている。そこで、トポロジーを活かした再開拓を行い、この集落を新たに漁業・林業を学ぶための場として再計画する。まちの暮らしを継承する「先生」、地域サポーター制度により招致された「生徒」、土地の代謝により甦る「場所」。以上の3要素がそろうとき、学びという体制が築かれる。

### ID040
**金子千穂**
大阪大学
地球総合工学科

記憶を継ぐもの

経験したが、覚えていない阪神淡路大震災。経験していないが、衝撃的であった東日本大震災。伝えていくことが大事といわれているが、その伝え方はあっているのだろうか？地域の伝統にかけ合わせることで、長く続く記憶となるのではないだろうか。

### ID041
**兼田貴浩**
滋賀県立大学
環境建築デザイン学科

ハナレ

私は実家から学校に通っていることが不便で仕方なかった。ほぼ寝ることと風呂にはいるためだけに住まいはあったのだろうか、とふと思う。そもそも住まいって何だったのだろう。住まいを再び問い直し住まうことへの想像力をとりもどそう。

### ID042
**神山貴成**
大阪工業大学
空間デザイン学科

100からなる建築 アンケート分析による都市型学生施設の提案

現在存在する都市建築は近代以降の工業化により限定された価値基準に基づき生産されることで都市の均質化が起きている。学生への需要が高まる大都市梅田でも都市の均質化が進んでいる。ここから新たな学生施設を自分だけではなく学生100人から得た形態アンケートの結果から形態要素を抽出・分析し建築を創造する。

### ID044
**河合舞子**
京都建築専門学校
夜間部

minority→majority

レインボーフラッグとは、それぞれの色に意味を持ち、セクシャルマイノリティーの主張を象徴する。レインボーフラッグと同様の意味を持つ虹がマイノリティーと社会との架け橋になるような建築にした。その建築の中で育った子供たちが、ボーダーレスな大人になってほしいと願いを込める。

### ID045
**河北 諒**
立命館大学
建築都市デザイン学科

リサイクルリノベーション

地域に眠るいらなくなった木材や廃材を含む、建材、建具、家具を活かしたリノベーションを行い、不要なものを新しく価値付けする地域に開けたコミュニティスペースとして、ファクトリーとカフェとミーティングスペースそして、ゲストルームを配置する計画をした。

### ID046
**川島 快**
京都大学
建築学科

崇仁の再生
―― 大学キャンパスに居住空間を含む崇仁地区の計画 ――

全国的に最大規模の同和地区である崇仁。京都の一等地に数えられる場所でありながら不良住宅が目立ち負のイメージが強い。しかし、元々不良住宅の集積地であったわけではなくかつては高瀬川沿いに良質な木造住宅が立ち並び都の入り口として栄えていた。この歴史から4つの要素を抽出し崇仁というまちを再生する。

### ID048
**貫野実穂**
大阪芸術大学
芸術学部建築学科

十月のサナトリウム、あるいは、記憶の織物

ピラネージ『牢獄』とタルコフスキー『ノスタルジア』のどちらにも記憶に刻まれるほどの強い引力を感じる。その原因は一つの領域に複数の異質な要素を併存させることにある。タルコフスキーの場合、それは「聖」と「俗」の二要素だ。わたしの記憶には「白いサナトリウム」のイメージも刻まれ、その二要素を併存させる一つの領域としてのサナトリウムの計画を試みた。

### ID049
**岸本佳子**
京都建築専門学校
夜間部

生の場所で死を迎える。死の場所で生を迎える。この場所を始まりとし、終わりとする。同じ空間で共存する現存しない空間。生命の輪廻。輪廻転生。

### ID050
**北野優真**
関西大学
建築学科

PARASITIC MODERN

ある哲学者は言った。「人々は集合しているが、それは虚偽であり、事実上は隔離されている」と。現在の都市における活動は、立地の良さという側面でのみ集まっており、それ以外の意味は持たない。居住の観点から都市に集まる意味を持たせ、暮らし方だけでなく働き方、過ごし方、動き方を変えていく都市居住空間の提案を行う。

### ID051
**北村まや**
京都橘大学
都市環境デザイン科

十字路 "I love Beginning."

現代の日本において物的豊かさでは人々を心から癒すことは難しい。よってこの癒しの空間を"路地"といった空間設計で表現することにした。該当箇所に休憩所や昔ながらの店舗を点在させることによって描き出された無作為で偶然たる余白が、人々の心を安寧へと導き、豊かにする回廊へと変化させる。

### ID052
**木原真慧**
大阪工業大学
建築学科

帯の閾
──歴史を受け継ぎ未来へつなぐ番組小学校の再編──

京都の「町衆」によってつくられた番組小学校。ここは教育と自治機能を併せ持つ公共の拠点を担う場所でもあった。淳風小学校は下京区に残る番組小学校の1つであるが、2017年をもって統廃合される。そこで、今ある機能を継承・維持・解体しながら建築をデザインしてゆくことで、ここに新たな地域の核を担う小学校を提案する。

### ID053
**邱 郁婷**
京都建築専門学校
夜間部

境界
──生と死の間──

限られた時間、限られた命。すべてを一つの円と思えばいい。生から死(=人の一生)の円のなか葬式はこれから死ぬ人の終着点ではなく、あくまで生きている人たちの悲しみを癒すためのセラピーである。生きている人たちの人生の中の一つの事件にすぎない。いや、それはあかん。死とちゃん向き合わないと。この世を去っていく前、周りの人とちゃんと向き合わないと。私は葬式ではなく、「送式」という道を選ぶのだ。死ぬ前に、自分から周りの人たちに声をかけようと。いきなりの死で周りの人を悲しませるより、一緒に受け入れよう。祝福しよう。

### ID054
**清田哲平**
大阪工業大学
建築学科

不便な暮らしから豊かさを

建物に対して人々が「手間」をかけれるような提案をする。そうすることで建築と人との関係を強くし、建物に対して愛着をもってもらう。そうすることで建築は長く使われ続け、スクラップアンドビルドや空き家問題が解決するのではないだろうか。

### ID056
**櫛間祐太**
京都橘大学
都市環境デザイン科

Connection 伝統工芸によって繋がる地域社会

全国と同様に京都の伝統工芸の後継者不足と技術の停滞化が問題なっている。解決策として「伝統工芸の一般市民への認知」と「伝統工芸の作家同士の交流」を提案する。作家や制作風景を展示する「アトリエ美術館」を制作する。現代的な町並みと歴史的な町並みの狭間を伝統工芸と人によって繋ぐ。

### ID057
**倉本義己**
関西大学
建築学科

時 流れゆく水郷
――紙屋川に帰属する町の骨格――

いつからか川は水が流れる対象として扱われ、人の生活から遠い存在となってしまった。澄み切った川である紙屋川。ここに造られた砂防ダムにより川と町は隔離されてしまった。川を町の軸として捉え、川と町をつなぎとめる環境の骨格を形成する。暮らしは川に帰属し、人と川の関係はあり続ける。

### ID058
**小池 潤**
立命館大学
建築都市デザイン学科

河岸に浮舟 山練る蔵並
――半田運河再生計画――

舟運と醸造業で発達し、山車文化が栄える愛知県半田市。街の近代化に寄与した半田運河を核とした地域再生計画である。舟運再興により運河沿いに残る醸造蔵群を繋ぐ地域ネットワーク形成し、様々な漂うルーフが地域、歴史、文化を受容する場を醸す。

### ID059
**小刀夏未**
大阪大学
地球総合工学科

あなたへ

階段状に建ち並ぶ家並みと露出した岩壁は独特で美しく、人々を惹きつける魅力を持つ。しかし、その美しい景観の形成に至る背景には"戦争"という悲しい歴史を持つ。表からはうかがい知ることのできないその裏に隠された背景を、岩壁の裏側に作り出す。空間により私たちは知ることとなる。

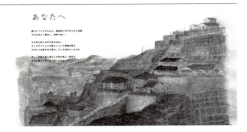

### ID060
**小林和敬**
立命館大学
建築都市デザイン学科

白妙の石楼

古来より富士山への山岳信仰のもと、富士北麓の登拝の玄関口として栄えていた山梨県富士吉田市。かつてあった宿場町が衰退し寂れ行く地方都市を、富士信仰にまつわる奇祭と登山を中心としたスポーツによる、野性的身体を呼び起こす霊峰の甦生計画によって再興する。

**ID064**
坂井 章
関西学院大学
都市政策学科

Cityscraper
——都市に根ざす——

中期的な都市ビジョンを持たないまま再開発が進むとSkyscraper（超高層）がそれぞれ独立して建ち並び、連続性のない空間が広がる。本設計では「都市に根ざす」をコンセプトにSkyscraperを横に倒すCityscraperを提案する。横に倒れた水平コアは有機的な形態へ形を変え、超高層の垂直コアは美術館へとコンバージョンされる。

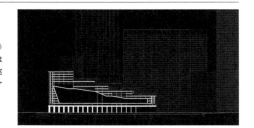

---

**ID065**
阪井勇樹
関西大学
建築学科

麓と出会い頂を知る
——山を失った町にたつ小学校——

山は目に見えなくとも、その存在感が象徴として人の暮らしと土地をつなげる存在であったが、強引に平面並列の合理性を追求した郊外住宅の開発によって、多くの山が失われた。その過去を否定するのではなく、この町の住民や子供が潜在する山の片鱗を拾い集め、対峙する空間としての小学校を提案する。

---

**ID067**
坂口大賀
神戸大学
建築学科

うつわ 瀬戸陶土美術館

1300年のやきもの作りの歴史を持つ愛知県瀬戸市。市の中心にある広大な採掘場跡は現在、埋め戻しの計画が進んでいる。採掘場を土地のコンテクストとして捉え直し、採掘をすることで生まれた地形・作品を体感できる陶土美術館を計画する。生業の記憶を留めるうつわで人は産業の光と影の記憶を見つめる。

---

**ID068**
佐藤峻亮
立命館大学
建築都市デザイン学科

ユビキタスの陽口

IT技術の進歩は目まぐるしく、観光地においても導入され観光地ユビキタス化が進みIT機器を用いたITツーリズムが繰り広げられる。しかし、老人や子供などはハイテクを扱えず、ユビキタスとの錯誤が心的な負荷を生む。そこで建築を媒介することで新たな町の楽しみ方を実現するITツーリズム拠点のプロトタイプを提案する。

---

**ID069**
佐藤早一郎
立命館大学
建築都市デザイン学科

橋存都市
——廃可動橋をまちに——

かつて自動車が往来していた可動橋を歩行者のための街路空間として再生し、新しい"まち"を創出する。羽田空港の新たな玄関口を生み出すべく、伝統工芸の発信源となる施設や飲食店などを取り入れる。新しいまちは、単に橋を街路化した「橋上都市」ではなく、建築群と橋が共にある『橋存都市』として提案する。

---

**ID070**
佐藤由基
近畿大学
建築学科

もっと大阪 街のリノベーション

出し看板や立て看板などが道に飛び出し賑わっている。しかし、人の手によって作り出された道頓堀川から端を発した「道頓堀」というエリアは、両岸の建物によって分断されている。道頓堀川とその両岸を中心とした空間を、街の中の1つの空間として捉え直し、個から伝播する「道頓堀」の建築を考えた。

### ID071
**澤田侑樹**
大阪市立大学
工学部建築学科

災害と暮らす
——小さな村の小さな防災——

現在の防災計画では命を守ることは可能かもしれない。だが、たとえ命を守ることはできたとしてもその場にあった人々の暮らしは消えてしまう。その点で建築は津波に勝つことはできない。災害を受け入れたうえで、その場所にあった暮らしの受け継ぎ方を、最も高い津波が来る町で提案する。

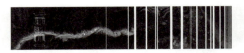

### ID072
**澤田莉沙**
大阪大学
地球総合工学科

on楽館

音楽を自由に楽しみたいのに、制限によって不便を感じる人たちがいるのではないだろうか。不便を感じている人たちだけでなく、これから音楽に興味を持つ人たちも、もっと気軽に様々な音楽と触れ合え、そこから新しい音楽との出会いが生まれるきっかけとなる場所を考える。

### ID073
**獅子島啓太**
京都工芸繊維大学
造形工学課程

架ける建築

2階レベルに新たな道（インフラ）を通し、都市という大きなスケールでリノベーションを行うことで次世代へとつながる木密再編のあり方を考える。浮遊する庭のような建築を架けることで木密が抱える諸問題解決すると同時に、インフラによって実現する新しい住まい方の提案を行う。

### ID074
**志藤拓巳**
京都大学
建築学科

OOTSUNAGU ——湖西線高架下サイクリングロード計画
及び大津びわこ競輪場跡地再編——

琵琶湖畔を自転車で一周する「びわいち」は近畿圏を中心に行われている。湖西線の高架下及び、大津びわこ競輪場跡地を活用して、電車、自動車から自転車への結節点を作り出す。サイクリングによって、大津、ひいては琵琶湖全体を繋ぐレジャーのためのインフラを整備する。

### ID075
**嶋原史織**
京都女子大学
生活造形学科

木漏れ日に集う
——terrace theatre——

かつて劇場は人々の集いの場だった。しかし専門性の高まりによって劇場は近寄りがたいハコと化してしまっているのが現状である。劇場をかつてのような人々のコミュニティの場・集いの場となるような劇場の提案を行う。敷地を京都市北区に選定し、過疎化や少子高齢化といった問題を抱える北区の活性化の震源地になればと願う。

### ID076
**進藤拓哉**
京都大学
建築学科

SAKISHIMA PLATE

敷地である大阪・咲洲は、人がおらず、無機質な地表面が広がっているイメージがついてしまった。ここに咲洲を再生し、関西の観光拠点となる強いシンボル性を持つ建築を設計する。この建築は空を映し出す壁であり、空を切り取る枠であり、人々のアクティビティの標本となる。

ID078
鈴木裕子
奈良女子大学
住環境学科

たたなづく
——なら食と農再編計画——

奈良県桜井市三輪。水利ネットワークが途絶え竹林化した土地に水路を復活させ、かつてあった水田の景色を取り戻す。農業学校と研究所の圃場とともに周辺の景観を整え、基軸としての回廊から建築群が形成される。そして山辺の土と木が重なり合い、新たな風景を生み出す。

---

ID079
住吉一起
大阪市立大学
工学部建築学科

外側の避難所

日本の高度経済成長期を陰ながら支えてきた日雇い労働者達。ドヤ街は社会から逃れてきた彼らの最後の受け皿である。外側の我々は彼らを社会から排除して過ごしている。社会的包摂が推進されている社会にもかかわらず、今彼らに居場所はない。奪われた日常を取り戻す彼らの外側の避難所を提案する。

---

ID081
瀬川 瑞
神戸大学
建築学科

書美の表象
——書の魅力の空間化——

書の美とは、一体どんなものであるか。日本芸術において、最も抽象的であり、奥の深い、書の芸術性を抽象化して解いていく。空間として、美しさが表現された場所を歩いていくと、もっと深くもっと豊かに書の魅力を理解できる。そのための書道美術館を設計する。

---

ID082
髙橋 萌
京都女子大学
生活造形学科

みとり・みどろ
——深泥池の自然を学び発信する拠点計画——

深泥池の自然を学ぶ自然学習施設、研究施設。分棟形式とし、池への方向軸を持たせながら配置する。建築の隙間の空間はパティオとなり、人と自然を近づける役割を持たせる。生態系の崩壊によって失われつつある貴重な深泥池の姿を人々の手によって再び蘇らせ、環境改善に繋がる場所となることを願う。

---

ID083
高原三織
大阪市立大学
工学部建築学科

水上製材所
——木と水と人——

かつて水運を用いて、製材業を支えた水中貯木場。しかし、陸運が発達したことで、水中貯木場は利用されなくなり、水面が原木で埋め尽くされることになった。そして、周辺の製材工場も減少した今、新しい製材所の在り方として、水運と陸運を利用した「水上製材所」を提案する。

---

ID084
竹谷龍馬
関西大学
建築学科

想起する濠・壕
——歴史遺構という場の現代・未来における更新——

歴史遺構を抱える街はどういった姿であるべきなのか。私は現状凍結という物としての価値しか見いだせない現代的手法に疑問を覚えた。堀という公的空間において歴史認識を想起するための建築群を提案する。そこでの空間体験によって住まう人々は日常において大和郡山という街の新たな価値を再発見する。

### ID085
**武政遼平**
滋賀県立大学
環境建築デザイン学科

竹林はやがて森へかえる

今ある竹林をすこしずつ伐採し、みんなで植林をし、植えた木々は覆いかぶさるまでに成長し、やがてこの場所から人の手が離れ、もとの森にかえる。こどもの頃に遊んだこの場所に、大人になり戻ってくる。かつてこの場所がこどもの遊び場であった記憶だけが今も残り続けている。

---

### ID086
**竹森健人**
関西学院大学
都市政策学科

渡しのポリフォニー

誰のための土木か。まちと水辺の隔壁となっている東京都大田区羽田地区の防潮堤。かつて土木には生活景が滲み出ていたが、現在ではRCで押し固められ人の気配は全く感じられない。そんな防潮堤に対して、家のような防潮堤を計画する。リビングに見立てた堤上はまちと水辺の結節点となり、新たな防潮堤像が生まれる。

---

### ID087
**武森祐次**
大阪工業大学
空間デザイン学科

舟入の記憶

大阪中之島に失われた風景である「舟入」を親水空間として再現し、芸術文化活動施設が集約する同地区において他の施設と連携するミュージアムを企画する。現在の中之島は、護岸垂直な擁壁で固められ、陸と水辺のつながりは感じられない。古くは八百八橋とうたわれ、天神祭りの船渡御にその名残が残るように、大阪と水のつながりは伝統的なものである。まだ具体的な解決法が定まっていない舟入の活用案を提示する。

---

### ID088
**田中健一郎**
京都大学
建築学科

ものづくり再考
──工業高校から創造高校へ──

大量生産型の工場が荒廃し遺構となるとき、同時にこれまでの工業高校も不要となる。大量生産大量消費社会の終焉は工業教育の転換期であることも意味している。20世紀の「ものづくり」の記憶を色濃く残す工場で、その記憶を保存しつつ、21世紀にとって価値ある「ものづくり」を教える「創造高校」を夢想する。

---

### ID089
**田中宏幸**
神戸大学
建築学科

KITAZA
──京都と海外を織り成す舞台──

敷地は、京都市東山区。かつて、南座とともに北座が存在し、人々の集いの場であったが、北座は閉鎖された。そこで、多様なコミュニティの結び目となる場として、「KITAZA」を復活させる。通常の劇場とは違い、専門的な機能の他に、様々な機能を持たせることで、誰もが気楽に訪れ、地域の文化を発信する劇場を提案する。

---

### ID090
**田中麻美子**
奈良女子大学
住環境学科

SACAY再生

海からうまれた街、堺。貿易都市として栄華を誇り、黄金の街SACAYとして世界に名を馳せていたが、海が忘れ去られるにつれ、堺への誇りが失われ単なる一地方都市へと変わりつつある。そこで、賑わいを失ったかつての港を再生し、海へと回帰するきっかけとなる場をつくりだすことで、海と共にある都市SACAYの未来を描く。

### ID091
**田中悠介**
大阪工業大学
空間デザイン学科

山に眠る故人との記憶
——始の門出——

京都北山の山脈に抱かれた山上の静かな水源地が京都市内の間近に存在する。江戸時代の治水事業の一環で開発された沢ノ池は都市に近接する知られざる別世界として隔世感と神秘性を漂わせる。都市における同種の施設にはない雑音を排除した環境の中に故人に向き合うことで自らに向き合う精神性を重視した建築空間を創出する。

### ID092
**田中律子**
立命館大学
建築都市デザイン学科

いのちの蓮
——自然分娩による空き寺利用計画——

寺は本来、過去と未来をつなぐ存在であったはず。未来へのつながりが目に見えてわかる存在と空間へと変化させるべく、「新たないのちの誕生を慶ぶ場＝助産複合施設」を提案する。古来から、仏教における象徴的な花として蓮の花が言い伝えられてきた。泥の中から花を咲かせる蓮の姿を、まだ見ぬ世界の理想の居場所として伝えられてきた。蓮の池を妊婦の生活する空間の周りにつくる。

### ID095
**塚越仁貴**
神戸大学
建築学科

久遠の環
——神戸・布引ダムの転生——

神戸都心に近接する「布引ダム」。日本初のコンクリートダムとして近代化遺産に指定されたこのダムは、この地に100年を超える水面、風景、現象を作り出した。都市生活を支えたダムの運用終了後の、この土木遺産と都市、人々を、水面の記憶の環と新たな軸によって繋ぎなおす。

### ID096
**塚本あかね**
京都工芸繊維大学
造形工学課程

バンクが作る 人のにぎわい
——向日町競輪場の未来の提案——

向日町競輪場は売り上げの減少や建物の老朽化により、長期的な存続は困難であるとされています。そこで私は競輪バンク特有の地形を利用し、子供からお年寄りまでがにぎわう場所を提案します。自転車がバンクを走っていたように、人がバンクをぐるっと一周して中の広場にアクティビティをにじみ出させます。

### ID097
**土井康永**
近畿大学
建築学科

「地」になじむ
——富田林歴史資料施設——

大阪の南部、都心から少し離れ古い町家が今も残る富田林寺内町。重要伝統的建築物群保存地区に指定され、最近は、町家活用店舗が増えることで観光地化しつつある。ここで、地元住民とこのまちを訪れた人が共存することで、文化継承の新しい在り方を提案する。

### ID098
**土器屋葉子**
京都建築専門学校
昼間部

街が育てる

廃校になった小学校を、また、教育施設として再使用するために「小学校＋保育園＋畳職人」が合わさった新たな教育施設。そこは、義務教育だけではなく日本に伝わってきた「伝統」について「触れ、学び、作る」。少子化だからこそできるこれからの新しい教育について考える。

### ID099
**冨永 彗**
大阪市立大学
工学部建築学科

感染美術館

墓地と商店街の間に存在するこの敷地において、双方を緩やかにつなげ実感することができる建築を目指す。この情報化社会において社会にのまれ、自らの感情を失ってしまった暇もない日本人に対して孤独と無を与える。日常・非日常から影響を受け、自らを見つめ直し、省みる。そんなバッファー建築がここに出現する。

### ID101
**仲川絵理**
神戸大学
建築学科

移ろいを彩る
――夙川における駅の在り方――

今の多くの駅は、どこに行っても同じで、「この場所に来た」という感覚が全く無い。しかし、駅とは本来多くの人々が集まる公共的な場所、また、街へのゲートでもあり、土地らしさが最も表れるべき場所である。そこで、失われたその土地らしさを表出させ、コミュニケーションや文化的活動の中心となる駅を提案する。

### ID102
**中島みつき**
京都工芸繊維大学
造形工学課程

ハレとケの継承
――祇園祭山鉾町における町並み再編計画――

千年以上続いてきた祇園祭。都市祭礼となった祭を支えてきたのは山鉾町であった。その山鉾町は現在、町家とマンションなどが混在し、祭に柔軟に対応してきた町の外形は変化してきている。その主な原因は、公開や駐車場によるセットバックスペースの増加である。この空間に注目した。かつてのハレとケに対応した町並みを継承しつつ、山鉾町におけるこれからの町並みと建築を考える。

### ID104
**中田喜之**
関西大学
建築学科

点と線、線と面 ――西成区釜ヶ崎界隈における
2つの街が共存する1つの細長い建築――

廃線跡によって出来た街の豊かな断面たち。日雇いやホームレスによる生活の領域だけが認識される街ではなく、廃線跡によって釜ヶ崎と山王の2つの街の生活が滲み合う事で共存する。線（廃線跡）が点（空地）を生み、街に異物感をもたらしていた物を点（ヘヤ）から線（ロウカ）へそして街へ回帰させていく。

### ID105
**長濱理緒**
武庫川女子大学
建築学科

弔
――おわりとはじまり そしてこれから。――

人々が死に対しての意識が薄くなったのはいつからだろうか。それと共に生きることに対しての意識も薄くなったように感じる。死や生をもっと身近に感じ、向き合うことが必要である。故人を想い、故人と遺された人を繋ぐ死の住居を市の境界につくる。現世のオワリをここで弔い、死後の生活のハジマリとコレカラを繋いでいく。

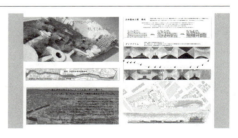

### ID107
**中村珠愛**
京都工芸繊維大学
造形工学課程

こどもの街

物理的に閉鎖的な児童養護施設で育ったこども達には故郷とよべる土地が存在しない。そこで私は、こどもたちの故郷をつくる建築を設計する。従来の児童養護施設を都市の子育て拠点・文化交流拠点として開くことによって、その地域の人との関係性がこの建築を介して変化していく建築を目指す。

ID108
**中村睦美**
滋賀県立大学
環境建築デザイン学科

生活の島、生きられた空間の旅

琵琶湖に浮かぶ淡水島、沖島。切り離されたようにゆっくりと流れる時間、風景、音、独自の生活形態。この空間体験は、漁業、農業、採石業といった産業の歴史の積み重ねや、暮らしてきた人の経験が織り込まれた時空間によるものであった。この時空間を顕在化した7つの建築とそれらをめぐる小さな旅を提案する。

ID109
**中村勇太**
京都橘大学
都市環境デザイン科

起点
——" "と美術館——

郊外での町おこしの拠点のなる美術館の提案。何を始めるかきっかけとなる場所を作る事に、そこを起点に活動やコミュニティーが発生し全体に波及していく事に期待する。

ID110
**中村友香**
兵庫県立大学
環境人間学部

つづけて、ふたたび、よりそう
——生野マインホール・リノベーション計画——

古民家や町家のなどの保存が進みつつある今日では、近代建築の保存が為されていない。兵庫県朝来市生野町にある生野マインホールは大変活発であり、町民にとって愛着がある公共建築である。1980～90年代に建てられた「箱もの公共建築」が建替えやメンテナンスの時期を迎えようとしているが、「田舎に現存する近代建築」が地域と寄り添い共存しているという実態を守る必要がある。

ID111
**西野尚明**
大阪芸術大学
芸術学部建築学科

目に見えるものに宿る神秘

マグリットの作品は、日常で見慣れた対象を予期しない状況に置くことによって、日常世界に隠された神秘を喚起する。当たり前のように感じている空間や自身の建築設計行為においても、この神秘性は存在し得ないか。マグリットの絵画を読み解き空間に置き換える。展示された絵画を鑑賞し、各絵画の空間を巡る美術館の設計。

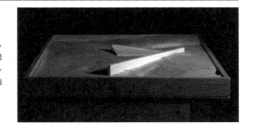

ID112
**額田奈菜子**
京都工芸繊維大学
造形工学課程

afterschool townscape

子どもの目線で考えると放課後のすごし方はより多様で開かれたものになるべきである。狭い空間に長時間子どもを閉じ込めるのではなく、街全体で学童保育の機能を果たしていくという新しい放課後の形を提案する。そこで、特に空き室の多い横浜市中区寿地区を敷地とし、街全体をひとつの建築とみなして全体を設計する。

ID113
**橋本卓磨**
兵庫県立大学
環境人間学部

帰る場所を失ったものたちに捧げる記憶としての痕跡
——時間的再構築による事前復興の在り方——

阪神淡路大震災から21年、二度目の大震災を被ろうとしているこの地において、被災地に生きる事とはどのような意味をもつのであろうか。懐かしさの記憶のないこの地において、ビッグデータを元に人の記憶を表象する建築群を造形する。東日本、首都圏、西日本における新たな連帯を形成するための拠点である。

### ID114
**長谷美里**
奈良女子大学
住環境学科

消えゆく集落へ

無住化した後の集落の未来はどうあるべきなのだろうか。近い未来に住民0の消滅集落となるであろう島根県益田市・金谷集落を敷地とし、限界集落の「終わり方」を考え、集落の撤退プロセスと付随する建築、人と共存した里山から自立した自然林へとうつりかわってゆく風景を提案する。

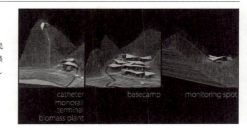

---

### ID115
**波多野 巧**
摂南大学
建築学科

回遊式学舎
──街の庭、子どもの校庭──

地域コミュニティが発達しているこの場所において、街と学校の出来事がお互いに共有できる「オープンな関係」を軸にした計画です。教室単位で部屋を上下に操作し1階アイレベルから学内の様々な様子が見えてくるそんな学校空間を提案します。

---

### ID117
**馬部由美絵**
立命館大学
建築都市デザイン学科

やすらぎの竹景
──竹構造による多元的な祈りの空間──

現代のストレス社会には、特定の宗教を限定しない様々な人が利用することのできる祈り・瞑想の空間が必要である。敷地のアイデンティティーである竹と、平面充填が可能な六角形を利用し、内部から周辺環境へと連続し敷地に溶け込んだ、人々に身近な祈りの空間を計画した。

---

### ID118
**濱崎 遥**
神戸大学
建築学科

ICE HILL
──灘浜における氷上競技のナショナルトレーニングセンター計画──

訪れる人々の能力はさまざまである。初心者から熟練者までたくさんの人に利用されるよう、能力の異なる階層どうしの隔たりが小さくなるような新しい対話型体験学習プログラムを採用した複合施設建築に対し、人々に空間共有感覚を与えるような連続する屋根のデザインで答えた。

---

### ID119
**早川凌平**
関西大学
建築学科

縦の風景の象徴

神戸には横と縦の風景がある。神戸の横の風景の発展は、縦の風景の切断を生み、本当に大切な"縦の風景"が埋もれつつある。表層的な美しさではなく、本質的、根本的な神戸を形作るは縦の風景である。それは神戸のゲニウス・ロキ。神戸のゲニウス・ロキを映し出し、縦の風景を取り戻す。そんな建築の提案。

---

### ID120
**林 健斗**
立命館大学
建築都市デザイン学科

知のインフラ

グーテンベルク以来の大量出版の時代が終焉を迎えつつある現代において、情報化の波は図書館をも巻き込み電子化へと進みつつある。かつての産業の遺産のように図書はなってしまうのか。この図書館がその本来の役割である「文化遺産の継承」という役割を果たし、知識と本とを未来へ繋ぐ図書館を提案する。

### ID121
**坂東菜月**
京都女子大学
生活造形学科

万代中央埠頭の親水拠点化計画

まちの中心地に位置しながらも閑散とした倉庫街。かつての物流の拠点だった倉庫街に、水の流れと人の流れを取り込む。物流機能としての港から地域振興の拠点としての「にぎわい空間」へと転換を図る。いままで水域を背中にみせていた景色から、もういちど表の表情が望まれることを期待する。

### ID122
**東野健太**
大阪工業大学
建築学科

高野の酒場がつくる蔵

かつて日本の酒づくりは寺院でつくられ、地域の信仰と共に根付いてきた。高野街道が横切る、ここ河内長野も例外ではなくその流れを受け継いだ酒蔵が存在している。しかし、この酒づくりを知る場は無く、地域住民も街道を訪れる人々も街並みのみを楽しむだけである。長年地域に育てられた酒蔵だからこそ地域文化の発信の場となる。

### ID123
**比嘉貴大**
京都工芸繊維大学
造形工学課程

攪拌の道
──観光都市那覇の過密化を解消──

終戦直後のアメリカ統治時代に出来た全長600mの商店街建築を改修し、公園と道と博物館の機能を付加する。既存の建築を軸にしてアーケードの代わりにスロープを絡ませると、上下左右方向に場面転換が現れる。博物館で知識を得た後には復興のエネルギーが詰まったまちに気づき、まち自体が生きた博物館となる。

### ID124
**兵藤功治**
京都工芸繊維大学
造形工学課程

墨色の小径 古都奈良の墨産業の復興

言の葉を書き連ね、目に映るものを描き残す。それらの行為において日本では墨が用いられてきた。しかし、時代の流れと共に人々は墨を磨ることから遠ざかり、奈良の墨産業は衰退の一途を辿る。工程を公開した墨工房と地域の公民館を計画し、観光資源間を結ぶ媒介となることで墨文化の復興と、地域、奈良の観光促進を促す。

### ID125
**平井彩夏**
摂南大学
住環境デザイン学科

地の神秘 まちが育みまちが育つ教育空間

地域が持つ歴史や文化を反映させることで、まちの個性を引き立て、地域の発信につなげる提案です。月や暦を地域特有の魅力として再認識し、月の文化や風情や科学などに触れて時の流れを大切にし、まちも天体の一部だということを実感した人々によって、逆にまちが育つような教育空間を設計しました。

### ID126
**平岡志織**
大阪大学
地球総合工学科

創造家のまち

大阪住之江区北加賀屋。木津川沿いに発展した造船のまちは、今では工場と防潮堤の高い壁に囲まれた、灰色のまちになっている。水害からまちを守るための境界である防潮堤は、水辺とまちとを切り離す巨大な境界になってしまっている。この灰色の巨大な壁による境界を溶かす海外の芸術家6人が、この場所で滞在制作する仮設のアトリエ兼住居を設計する。芸術家の創作活動や習慣が一分、一時間、一日、、、といった時間の連続性で結びつけられ1つの作品となる。

### ID127
**平嶋奈弥**
武庫川女子大学
建築学科

都市の森

日本の林業は衰退の一途を辿っているが、戦後、植林された木が収穫期を迎えているにも関わらず、日本の木材ではなく輸入材が多く使われている。この資材を無駄にすることなく、日本の木材を知ってもらうためには、どうしたらいいのか。敷地は世代に関係なく集まる中之島公園、木材展示場と公園の機能を持つ施設を提案する。

---

### ID130
**廣畑佑樹**
大阪大学
地球総合工学科

PALETTE

建築とはそこにあることで空間の質の違いを生み出す。それは同じスケールのものでも、人のスケール感の違いによってその空間の質は変化し、さらに同じ形のものでもスケールの変化によってその空間の質は変化する。では、様々なスケール・スケール感が混ざり合い、多様な空間の質をもつ建築とは何だろうか。

---

### ID131
**吹抜祥平**
京都大学
建築学科

駅舎解体

駅舎において商業・業務・娯楽機能などを集積し巨大化する都市中央駅。駅が機能を完結する一つの都市と化すと同時に、それは市街地へ広がるはずだった賑わいを堰き止める装置になろうとしている。再開発構想の浮上する神戸市の中央駅三宮において、駅を都市空間の一要素に還元し「都市における駅空間」を再考する。

---

### ID132
**福岡若菜**
奈良女子大学
住環境学科

時の結い目
──花嫁のれん再興プロジェクト──

石川県金沢市には一生に一度だけ披露する花嫁のれんという風習があるが、近年失われつつある。眠ったままである過去の花嫁のれんとこれからの花嫁のれんが交錯するプロジェクトを提案する。既存の町家に工房や宿泊施設の機能を持たせ、結婚式のプログラムと共に場は祭礼空間となり、花嫁のれん新しい文化となるだろう。

---

### ID134
**藤岡宗杜**
大阪工業大学
建築学科

雑居するパロール

本提案では開国の際に外国のモノやコトを積極的に受け入れ、近代的発展を遂げた神戸に、移民の玄関口となり得る建築の提案を行う。ここで移民達は市民や観光客といった様々な登場人物との交流を通して、日本の文化や言語を学び、日本全国へと旅立つ。ヒトを受け入れる第二の開国が今始まる。

---

### ID135
**藤川佳志**
大阪芸術大学
芸術学部建築学科

隙間の織り込み

都心部に大きな隙間「梅田北ヤード」は、その大きな空間を新たな都市計画へと発展させ、今日のグランフロント大阪や開発区域のコンペディションとしての土台となっている。一方で貨物駅の土地にあるが開発区域に含まれない空間がある。私はこの開発区域から外れている空間に隙間を強調させる常時企画展示型の博物館を提案する。

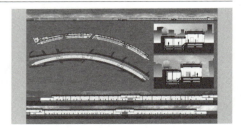

### ID136
**藤本雅広**
大阪大学
地球総合工学科

解社
──境界性の再編──

地方都市において、人が観光にくるでもなく、参拝にくるでもなく、静かにそこに佇むだけとなった神社の生き方を考える。良地に佇む神社のポテンシャルを生かしながら、地方都市に必要なまちのゆとりとなる場をつくる。日本の伝統建築の空間構成を高め上げ、神社の境界性を解体し再編する。人の身体の大きさや、行動、人数、これまでの経験によるアフォーダンスにより、領域の大きさや方向性が変化する。時に集まり、時にはひとり散歩をするような、まちのゆとりとなる神社を設計する。

### ID137
**藤本理紗**
京都工芸繊維大学
造形工学課程

柚の礎

林業不振の時代が続き、森は人の手により荒廃し人口は減少し山間の集落は高齢化が進んでいる。敷地は京都府京丹波町和知。戦後の造林事業により造林されたものの放置され、土砂崩れの危険性が高まっている。ここに土木と建築が一体となり、山に人の空間としての柚の礎を設計する。

### ID139
**古田三四郎**
京都大学
建築学科

Umeda Sports Campas

インフラも整備され、トランスレイションとしてもメガとなる。ビル群はすでにメガの域に達しつつある。梅田のヒューマンスケールを超え、オーバースケールな100m越えのビル群の中、最先端の集合体科学と人間の行動を融合した施設、スポーツ科学センターを計画する。

### ID140
**堀部芳樹**
大阪市立大学
工学部建築学科

集落墓地化計画

これからも廃村は進む。廃村を止めることが本当にいいことなのか。廃村の仕方を考える。私は敷地を活かしながら集落を消していく。残るのは人が営んだ生活の跡。

### ID141
**堀本幸司**
京都建築専門学校
夜間部

猿投山陶芸
──猿投古窯を体験する建物──

現猿投山展望台に山の地形を生かし扇形で傾斜に沿うように3層になっており、1階を学び、2階を生活、3階を見ると区分しています。自然を取り込むことと快適に生活することを調和させ、階を上がると壁はなくなり、柱だけとなり、最上階は光を透過する幕だけとなる。

### ID142
**前川有季**
京都橘大学
都市環境デザイン科

逢坂の関

一つの和歌から建築を創造します。通過するものである関所と、とどまるものである宿。二つの要素を合わせて、旅人達の出逢いの場を用意しました。滋賀から京都へ、京都から滋賀へ通過しようとする旅人達がそこでとどまり、出逢います。そして、そこから去っていくのです。逢坂の関は旅人達の第二のスタート地点となります。

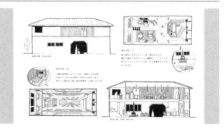

### ID143
**前澤宏一**
大阪芸術大学
芸術学部建築学科

場という建築

場は記憶と共に印象を持つ。この建築が作り出すのは風景としての記憶ではなく、人の行為によって生まれた記憶です。そのため建築の形がきっかけとなって場が生まれるのです。様々な行為によって生まれ、様々な人々によってできた記憶が、この建築を構成するため用途は記念館とします。

### ID144
**前田真季**
武庫川女子大学
建築学科

牛鬼が集う場

牛鬼は愛媛県南予地方の祭礼に登場し、5〜6mの大きさの練り物の一種です。各地に多様な牛鬼が存在していますが、近年南予地方の人口が減少する中、このような文化が消滅するのは十分考えられることだと考えます。この確かにあった多彩な文化の記憶を残すためにも、発祥の地との関連も交えながら牛鬼が集う場を提案します。

### ID145
**増田湧志**
大阪大学
地球総合工学科

地方の継ぎ方

生まれ育った地元で何ができるかを考え、大きな食堂を計画しました。建物へは町に点在する飲食店の人が週に何度か出張してきてアルバイトを雇い営業する。そこでは多店舗との交流が生まれ調理機器や食器を共用で使い料理が守られながら発展していく。

### ID146
**松井 悠**
立命館大学
建築都市デザイン学科

湖族の郷　琵琶湖湖畔のReDesign

琵琶湖を生業の場として生きる人々（湖族）に着目する。彼らは、一般市民よりも強く琵琶湖の恩恵を実感しているだろう。彼らの受ける様々な生態系サービスが一同に体感出来る場を計画することで、一般の人々にひらかれた、人々と琵琶湖のつながり合いが感じられる場を創造する。

### ID147
**松岡実希**
滋賀県立大学
環境建築デザイン学科

きょう奏曲
——ミュージシャンと人々による音楽のまち——

営業する店舗が変わればそこに集まる人が変わる。まちを使う人が変わればその場の雰囲気も変化する。その時、その場に訪れた人々、ミュージシャンがその場の雰囲気を作り、その雰囲気がまちを作り出す。朝〜夜にかけての様相の変化。その流れ全てがまちの音楽となる。

### ID148
**松隈貴大**
大阪芸術大学
芸術学部建築学科

地形から派生する建築の可能性

私は地形から建築の形態を模索する癖があります。例えば敷地に面する道路の線から壁が配置されたり、敷地内の傾斜にそったり、また逆らったりして、地形から建築の形態を決定したくなる欲求があります。これは私の中にある、ひとつの建築の概念です。4年間の集大成として、この概念から建築の形態を構成することで、空間の豊かさや可能性を模索しました。

## ID149
**松田直子**
京都女子大学
生活造形学科

ビオトープに暮らすコミュニティ計画

ビオトープの形成にはそこに暮らす住民の参加が必須であり、これによってアイデンティティを持ちながら世代を超えたコミュニティの形成が助長されると期待する。ビオトープがコミュニティを創り出しコミュニティがビオトープを創り出す。自然とともに、そして住まう住民とともに常に変化し成長を続ける住宅地をめざす。

## ID150
**松原一樹**
関西大学
建築学科

高架を通り抜け繋がるまち
──高架下空間を取り込んだ駅前広場と交流施設──

鉄道によって分断された交通網の円滑化と市街地の一体化による都市の活性化を図るため、JR奈良駅付近において鉄道高架が造られたが、現在高架下空間は柵で覆われ、まちは分断されている。本計画はJR奈良駅北側の敷地において、鉄道高架と周辺街区を一体として扱い、鉄道高架を取り込んだ街の賑わいを生む駅前空間を提案する。

## ID151
**溝口尚人**
滋賀県立大学
環境建築デザイン学科

「共」に暮らす
──多彩な路地的空間による「他への意識」──

衰退した地方商店街の再生に、集合住宅の持つ「集まって住む良さ」、コミュニティ形成を利用し、住み手と地域が互いに、建物に、商店街に愛着を持つ、周辺の人々や自然といった「他との共生」の魅力を考える。そこで、個性が滲み出す路地的空間を「商」「住」空間に混在させた商店街の新たな集住体の形を提案する。

## ID152
**三知矢真央**
武庫川女子大学
生活環境学科

居場所としての公民館
──キリトリ・ノゾキ・アフレル──

ニュータウンとは、ある種「上質な社会の理想の植え付け」であるといえる。一見幸せそうに見える人々は団体ごとに個別化し、他社との関わりが希薄化している。そんなまちの根底には、地元の原風景や様々活動が隠れている。それらはのぞき窓をあける「キリトリ」という操作によりあふれ共有される。

## ID153
**南野騰志**
大阪市立大学
工学部建築学科

Transtudio あの送電塔の下に

日本には1.6km²ごとに1基の塔が建っている。そして鳥籠をつくるようにして、すっかり街を覆っている。これほど空を支配しながら、意識の外に立つ送電塔は、建築をその胎内に宿して、街を横断する道標になる。これは大阪府門真市にある、古川橋味生線現役鉄塔4基から始まる送電鉄塔建築化計画である。

## ID154
**村上峻一**
大阪工業大学
空間デザイン学科

"坂の町"の居場所
──斜面都市尾道の再編──

広島県の南東に位置する尾道市。現在、中心市街地でありながら斜面地はその地理的特性から人口減少と共に空き家が増加傾向にある。将来、住宅が建ち並ぶ斜面地の風景が失われると予測される。そこで、平地と斜面地をつなぐ交通インフラを計画すると共にこの地域のコミュニティを形成し、新たな活力を創出する場所の提案をする。

ID156
**森 愛子**
立命館大学
建築都市デザイン学科

硯のサナトリウム

硯とは、墨をおろし、精神統一を行う道具である。書道文化が衰退しIT社会になるにつれ、心の病を抱える人が著しく増加した。そこで本計画では、硯の採石跡地で硯石による、心を沈静させる空間を提案し、IT社会において硯石文化を新たな形で継承する。

---

ID157
**森島 歩**
奈良女子大学
住環境学科

Ohara home
——地域の核となる小規模小中一貫校——

少子高齢化が急速に進む今、これからの学校のあるべき姿として京都大原学院を対象校とし、建て替えによる小規模小中一貫校を提案する。地域住民が自由に利用できる空間、既にある交流をより促す空間を計画し、心・場の両面で地域の拠り所となる学校を目指す。

---

ID158
**門田 啓暉**
大阪大学
地球総合工学科

寄り添う建築

僕らを隔てたのは大きな川と、巨大な鉄とコンクリートの塊でした。橋がむすんでいるのは「陸」と「陸」にすぎない。河川があること、橋が存在することによって生まれる空間。そこに建築を挿入することにより、新たな「橋」のあり方を提案する。

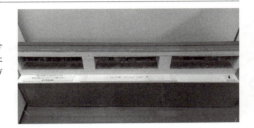

---

ID159
**安井 真梨**
立命館大学
建築都市デザイン学科

讃美の一滴
——ため池の機能再生の提案——

水は人に恵みを与え、人は水を讃えてきた。その水を有効に使うため生まれた「ため池」は安定した生活・豊かな自然環境である"ため池のある風景"を作った。しかし、ため池の需要が減少し、よくある風景の一部として紛れ込んでいる。そこで、ため池を拠点として風景を生み出す、これからのため池のあり方を提案する。

---

ID161
**柳 竜之介**
大阪工業大学
空間デザイン学科

Factorium

日本の産業発展に伴う工場誘致により臨海部と人々との関係が希薄になった港街神戸市灘区。工場敷地内に工場の魅力を享受し、臨海部と人々の生活を繋げる施設、仕組みを提案する。近年の産業観光振興の動きや過去の工場などの産業遺産化を利用しつつ、工場を閉鎖的な空間として捉えず、工場の生産と人々の生活を重ね合わせる。

---

ID162
**山岡 大樹**
滋賀県立大学
環境建築デザイン学科

垂直階調都市

色・植生・気候・宗教・文化……この地球上には様々な「階調」が存在する。それぞれの階調は3次元的に絡み合い、複雑な関係やテリトリーを築いている。そしてその複雑な階調はあらゆるものの居場所を形成する。垂直方向の階調が無機的な高層建築を自然に回帰させる。

### ID163
**山口将治**
大阪市立大学
工学部建築学科

谷のあそびミチ

あそびとは、こどもの世界をひろげるものである。かつては危険の中にも楽しさを見いだしながら、世界を広げていた。現在はこどものあそびに規制が掛かり、できること、できないことに明確な境界線が引かれこども達の世界は閉じてしまう。こどもたちの行く先の境界線を曖昧にする建築を提案する。

### ID164
**山崎彩弥佳**
京都橘大学
都市環境デザイン科

集い 保存・活用出来る京町家を若者や海外の人に向けて

今減少しつつある伝統的な京町屋の再生化についてこれから先多くの人が身近に感じられ利用できる価値あるものであり続けることを設計目的とする。今以上に多くの若者への知名度を上げ保存していくことで、街並み保存され、空き家活動、地域活性化が循環し成り立つようにしていきたい。人と人が繋がれる機会をもてる空間作りが一番の狙いである。

### ID165
**山下晃弘**
大阪市立大学
工学部建築学科

駅ぐらし

日本の人口は減少している。その結果、人は都心へと生活の拠点を回帰させる。かつての郊外型から都心型へ。交通の拠点を重視して住まうようになり、やがて生活の拠点と移動の拠点は極限まで近づく。その行き着いた先が、駅と居住・滞在の合体である。大阪市天王寺区、JR天王寺駅上空に、新たな暮らし方を設計する。

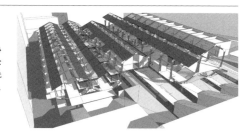

### ID166
**山田文音**
京都大学
建築学科

green boundary
──京都府植物園における境界の提案──

京都は北山の地に在る府立植物園。園の北東は地下鉄が通りコンサートホールなどが存在する文化エリアとなっている。ここに、「地下と地上」「都市と庭園」「日常と非日常」の境界をたゆたう建築を提案する。

### ID167
**山本雄志**
京都大学
建築学科

crib ──深夜を彩る街路の建築──

crib：たまり場、なんとなく仲間が集まる場所
深夜の都市はダンスやスケートボードにとって練習場所となっている。もし彼らが集うのにすばらしい場所があったなら、その意図でもって都市の一部分が作られたのなら、そこは大きなcribとなるのではないだろうか。夜の活気で色づく街の外側の、うごめく人たちのための建築を考える。

### ID170
**吉永和真**
京都大学
建築学科

KYOTO Innovation Complex
──洛西ニュータウン再生計画──

ニュータウンの団地が住居のためのインフラとしての役割を終えた、ある「未来」における団地コンバージョンのケーススタディーとして、敷地を洛西ニュータウン内に設定し、京都を拠点とする先端産業企業のためのインフラ[KYOTO Innovation Complex]へのコンバージョンを提案する。

### ID171
**吉野有里恵**
武庫川女子大学
建築学科

ISHIGAKI

沖縄県石垣島。まだ神ながらのにおいが吹き流れている自然の中に地面から立ち上がったようなグスクを計画する。グスクとは、城であり、集落の石垣であり、聖域である。「腰当て」の空間に人々は集まり、森の神とニライカナイへ祈りを捧げる。石垣島の多彩な地形と石垣のレイヤーが織りなす中に赤瓦の屋根が覗く。

### ID172
**米澤聡志**
大阪市立大学
工学部建築学科

移ろいの丘
──21世紀美術館ランドアート部門分館──

かつて、石川県内一の賑わいを見せた卯辰山。豊かな自然に恵まれたこの地にランドアートを対象とする21世紀美術館の分館を提案する。かつて動物園であったための特殊な地形関係が、一本の動線で結ばれている。自然と建築とアートを斜面という地形をもちいた関係性の提案。

おわりに

Diploma×KYOTO'16の書籍を手に取っていただき、ありがとうございます。
おかげさまで、今年で25回目となる合同卒業設計展を開催することができました。

さて、私たちが卒業設計に取り組んだ2015年は、めずらしく建築がメディアに大きく
取り上げられた年でした。建築業界内にも様々な立場の意見があったにしろ、
結果として建築・デザインにたずさわる人々とそれ以外の人々との間に、
大きな溝があることが浮き彫りになりました。震災以降、建築に何ができるかを
考えてきたはずなのに、そもそも建築は社会に必要とされていないのではないかと
思わされてしまった。卒業設計でもしばしば問われる社会性とは虚構でしかないのか。
そんな閉塞感漂う暗闇の中、Diploma×KYOTO'16は「Shinonome（東雲）」をテーマとしました。

1日目にキャリアの豊富な建築家・ランドスケープデザイナーの方々を、そして2日目には
関西にゆかりのある若手建築家の方々をそれぞれお呼びしたのは、夜道を歩く道しるべを
教えてもらうためだったとも言えます。遠くで輝く星と、近くで煌めく星を頼りに、夜明けとなる
最終日へと私たちは歩いていきました。同様に、本書に収録されているテキストは、
私たちが今後の人生をサバイブしていく上でのパスポートとなるものでしょう。

一方、この2日間を通して3日目の審査のためのシール投票がおこなわれていました。
Diploma×KYOTO初となる来場者参加型の企画、建築以外の「一般」の方々からの票が
どのくらい集まるのか、そもそも企画として成立するのかなと、会期前は懐疑的な声も多く聞こえてきました。
迎えた会期当日、会場内には、もしかしたら別の展覧会と間違えて入ってきてしまったのではないかと
疑うような子どもを連れたお母さんや、おっとりとした老夫婦が、腰をかがめ模型に見入っているでは
ありませんか。小さくて少し貼りにくそうな丸シールに「ああもう終わっちゃった」などとボヤきながら。
蓋を開けてみれば2000を越える数の票が集まり、そのうち800あまりが「一般」の票でした。
こうやって誰かが「いいね！」と言ってくれる、顔は見えなくともそんな人がいるということが、
ささやかだけれども力強い、後押しになりました。

最後になりましたが、本書の出版にあたり、多くの方々のお力添えをいただきました。多大なご理解、
ご尽力をいただきましたご協賛企業のみなさま、例年に引き続き会場をご提供してくださった
京都市勧業館みやこめっせ、審査員・司会を快諾していただいた10名の先生方、本書の刊行を無償で
引き受けていただきました総合資格学院 岸 隆司学院長始め様々な面で会を支えて下さった同学院の皆様、
本書の編集・デザインに多大なるご協力をいただきました川勝真一様、外山 央様、鈴木大義様、
そして、ともに会をつくり上げたDiploma×KYOTO'16のメンバー。
同じ時代を生きる皆さまがここに集まったことに只ならぬご縁を感じるとともに、
心よりの感謝を申し上げます。ありがとうございました。

ようやくひとつの夜が明けました。東雲をめざす全ての人々に幸あらんことを。

Diploma×KYOTO'16 書籍班班長｜大須賀嵩幸

一般来場者によるシール投票の様子

おわりに

不動産に、新しい視点を。
社会に、新しいビジネスを。

不動産を社会資産としてとらえ、労働市場の課題解決にも取り組む。
「日本株式会社の不動産部」として新しい社会のニーズに応え続ける。

【経営理念】

私たちは、これまでも、そしてこれからも、以下のことを大切にしています。

## 新しい事業モデルの創造による
## リーディングカンパニーへの挑戦

私たちは、新しい社会に役立つビジネスを創出する「創業者精神」を大切にしています。
そしてその「リーディングカンパニー」であることに挑戦し続けます。

## 働く人が元気であり続ける経営の実践

私たちは、ともに働く「人」の元気を生む集団であり続けます。
そのために、働く「人」それぞれが、自立した職業人であることを大切にしています。

ザイマックスグループ
https://www.xymax.co.jp/

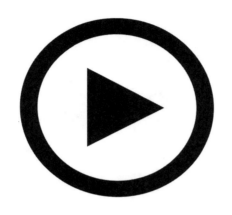

# DE-SIGN

お客様の「したい」をカタチにする
これが私たちの仕事です。

design-inc.co.jp

バックス画材の運営する3店舗で、材料・素材、道具から印刷まで、幅広くお手伝いいたします！

画材 art supplies　文具 stationaries　額 picture frames　紙 papers　出力 output print

## ものづくり、いろいろお手伝い。
### backs Gazai

- 日本画材料
- 油絵具
- アクリル絵具
- 水彩絵具
- 色鉛筆・パステル
- デザイン用品
- 製図用品・模型材料
- 額縁
- 文具　…etc

TEL : 075-781-9105 (代表)
HP : backsgazai.com

## 紙のことなら何でも。
### 紙ひろば

- 画用紙
- ファンシーペーパー
- 印刷専用紙
- トレーシングペーパー
- A4・A3 パック紙
- クラフト紙
- ボール紙
- 製本用品・書籍用紙
- 和紙　…etc

TEL : 075-781-0168 (直通)
HP : kamihiroba.com

## 必要なときに、必要なだけ。
### DOT

- プリントアウト
- 名刺・ハガキ
- チラシ・フライヤー
- ポスター・図面
- ポートフォリオ
- ステーショナリー
- 製本加工
- ラミネート加工
- 看板・サイン　…etc

TEL : 075-754-8439 (直通)
HP : dot-kyoto.com

---

**3店舗共通　ポイントカード　会員募集中！**

- 特典1　お買上げ金額（本体価格）の7%がポイントとして貯まります
- 特典2　貯まったポイントは1ポイント1円として、1ポイントから使えます
- 特典3　今なら、新規入会で200ポイントプレゼント

---

《MAP》

**バックス画材グループ**

- ★ backs Gazai　―　画材・文具・額縁
- ★ 紙ひろば　―　紙
- ★ DOT　―　出力
- ・通販部　http://shop.backsgazai.com

**address**
〒606-8167
京都市左京区一乗寺樋ノ口町9＆10番地
（白川通り北大路下る東側）

**access**
市バス「上終町京都造形芸大前」徒歩8分
　　　「一乗寺木ノ本町」徒歩5分

**tel**
075-781-9105（代表）

**open** 10 : 00 - **close** 19 : 00

《店舗周辺拡大MAP》

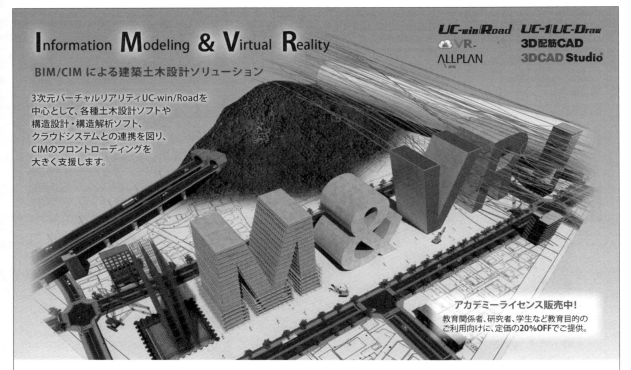

# To learn Architecture to learn a Life.

三和建設はおかげさまで半世紀を迎えました。
会社のシンボル「アイビー」は、
建築を学んだ若者たちの人間力を育み、良き伝統を伝え、
社会の調和と繁栄を願う経営理念を表現しています。
これからも信用と実績を積み重ね、
さらなる発展と飛躍の新時代に向かって邁進いたします。

SANWA GROUP

株式会社三和建設一級建築士事務所　〒665-0835 兵庫県宝塚市旭町3丁目2番10号　0120-434-118　http://www.sanwakensetsu.co.jp/

住友林業のリフォーム

# 「残し、活かす。」

## リフォームだからこそ実現した理想の家

23年前、まだ小さかったご長男と一緒にこの家に入居されたS様ご夫妻。
その後ご長女も誕生され、子育てに忙しい歳月を過ごしていらっしゃいました。

お子様も成長され、いまの家族に相応しい家にとリフォームを決意。
そして、リビング、ダイニング、キッチン、和室が一体となった、家族の大空間が
誕生しました。どの場所からもご主人が手間隙をかけて育てあげた広い庭を存分に望め
床材のウォルナット、軒裏へ伸びる米松材が、深い味わいを醸し出す。

「リフォームはこれまでの生活の延長線上にあるので
　　よく話し合うことで理想の家になると思います」とご主人。

随所に木のぬくもりを活かしたオンリー・ワンのリフォーム。
ライフスタイルの変化にあわせて、これからも住み継がれていく。

### 住友林業ホームテック株式会社

人事部
〒101-0054 東京都千代田区神田錦町3丁目26番地
一ツ橋SIビル8階　採用担当：谷相　神野
TEL：03-5217-5110　FAX：03-5217-6607
www.sumirin-ht.co.jp

# あなたを想像する。
# あなたのために創造する。

あなたの毎日。あなたの息づかい。あなたの鼓動。あなたの想い。
私たちは、そのすべてを想像しながら、マンションづくりに反映しています。
さらにその想像力は、いまだけでなく、あなたの未来と寄り添いながら
変わることのない快適なくらしを実現します。

いい暮らしを、創る。
住まいのオンリーワングループ

長谷工 コーポレーション
http://www.haseko.co.jp

# スタッフ募集!!!

ええ家建て隊が建てました

無添加住宅 正規代理店

 遊友建築工房 YU-YU KENCHIKUKOUBOU × i♥気ホーム(アイキ) AIKI HOME,INC

お気軽にご連絡ください
📞 0120-11-8072

尼崎の工務店 [検索]

Diploma×KYOTO'16
京都建築学生之会合同卒業設計展
2016年9月20日初版発行

［編著］
京都建築学生之会
―

［発行人］
岸 隆司
―

［発行元］
株式会社 総合資格 出版局
〒163-0557東京都新宿区西新宿1-26-2
新宿野村ビル22F
Tel: 03-3340-6714（出版局）
http://www.shikaku-books.jp/
―

［企画・編集］
株式会社 総合資格 出版局
（新垣宜樹）
―

［編集・制作］
川勝真一
―

［編集協力］
京都建築学生之会 2016
（書籍班｜大須賀嵩幸／吹抜祥平／池田みさき／井上 怜／内田裕介／大森健史
河合舞子／蔡昂／武政遼平／額田奈菜子／平岡志織／古田三四郎／増田湧志／吉野有里恵）
―

［デザイン］
外山 央／鈴木大義
―

［撮影］
瀧本加奈子
（別冊｜P17右下／P26-27／P34-35／P52-53／P56／P64下3枚／P69右下／P74-77を除く）
―

［印刷・製本］
図書印刷株式会社

落丁本・乱丁本はお取り替え致します。
本書の無断転写、転載は著作権法上での例外を除き、禁じられています。

Printed in Japan
ISBN 978-4-86417-202-8
© Diploma×KYOTO'16 京都建築学生之会

# Diploma
# KYOTO
## 16

別冊作品集

The Kyoto exhibition of graduation projects by architecture students

総合資格学院

Diploma×KYOTO '16
別冊作品集

# 目次
Contents

### Day 1
004 受賞者作品
　　1位　石川一平　大阪人博覧会──ミナミを繋ぐ日常のミュージアム──
　　2位　相見良樹　ろう
　　3位　大須賀嵩幸　$f^3$──次世代型自在展開式農場──
016 ファイナリスト作品
　　石見春香　風土の再構築──淡路島縄文村計画──
　　洲脇純平　再起の術──竹林を介した人と山の関係の再編──
　　舩冨勇人　都市と言う名の監獄
　　持井秀敏　百年地図。
　　藤井伊都実　白鳥物語──エリアナ・パブロワの記憶──
026 一次審査｜審査員の注目作品

### Day 2
030 受賞者作品
　　1位　川井茜理　とんまか──もったいない空間と人との関係を再編する商店街──
　　2位　大森健史　潮騒の神島家──朦朧たる《青》の集積──
　　3位　谷戸星香　融解する幻想──自然界におけるディナージーを手掛かりとした紙により導き出される微現象の表出──
042 ファイナリスト作品
　　板倉彰吾　時を編む
　　田原迫はるか　うつせみの──知覚する身体のための建築：モーリス・メルロ＝ポンティ ラジオ講演1948年より──
　　中村勝広　幻影
　　廣田貴之　ツギハギ──「貸す‐借りる」の関係が編むまち──
　　横木相太　田の浦に住む大工見習いの家
052 一次審査｜審査員の注目作品

### Day 3
056 受賞者作品
　　1位　廣田未紗　陶の棲家──個の絡まりによる断面風景──
　　2位　川本稜　Spiral Extension──無限成長美術館──
044 ファイナリスト作品
　　馬場智美　日向神峡の間──ダム湖の出現により浸水した峡谷と人との縁結び──
　　草薙竜市　地図にのこるもの、のこらないもの、
　　中城貴宣　10万年の責任──美浜原発跡地利用計画──
　　中居和也　Borderless Art Museum──近江八幡煉瓦工場再生計画──
　　蔡昂　大地と空の輪郭

074 特別レポート NEXTA'16

# Day 1

# 1位
1st Prize

# 大阪人博覧会
──ミナミを繋ぐ日常のミュージアム──

[ID011]

**石川一平** Ippei ISHIKAWA
立命館大学 理工学部建築都市デザイン学科

ナニワ文化、それは大阪で生まれた人々の生きた証、それはとても泥臭く、けして上品とは呼べないかもしれないが、そこには魅力的な力強い生命力が宿っている。しかし、近年の阿倍野界隈の再開発によって阪和天王寺駅周辺の下町情緒ある風景は、雑居ビルや駐車場へと建ち変わり、阪和天王寺駅は時代の流れに取り残され、街並みは漂白されつつある。そこで本計画はその魅力を再構築し、再開発によって昭和の面影が消えつつある天王寺に、一人一人の心の記憶装置(ストレージ)としてのナニワ文化の殿堂を設計する。人々の泥臭いにぎわいが天王寺の残すべきものであり、それらを現代に受け継いでいく「生きたミュージアム」の提案である。

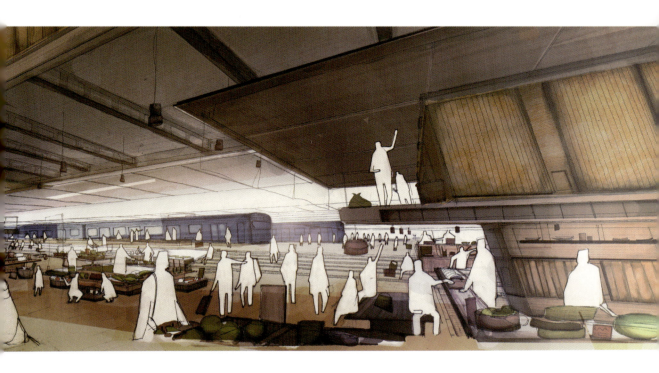

露店のにぎわいを見下ろしながらナニワの下町を想起させる空間を演出する。

2階ショップラウンジ

人々のにぎわいの中で生まれたナニワの作品やこの場所で作られた文化を収蔵し、今後のための資料として閲覧することができる。

5階ナニワ資料室

作業場と客室組み合わせることで昼夜を問わず撮影の打ち合わせやナニワ文化の研究に没頭する空間となっている。

3階宿泊フロア

上層中央の大スタジオでは、路上ライブなどを行う若者のための空間であり屋外ステージとして上下間を繋ぐモノとして機能する。

吹き抜け大スタジオ前

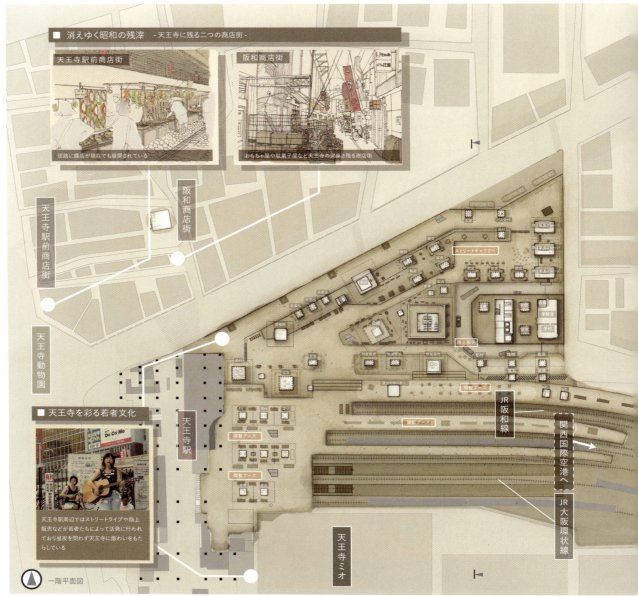

1階平面図

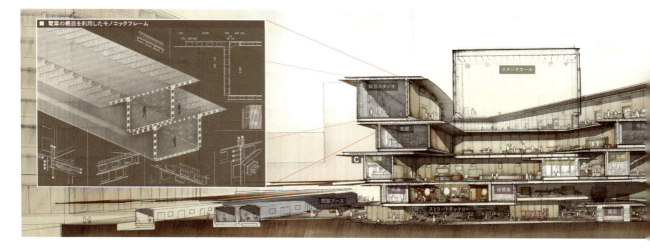

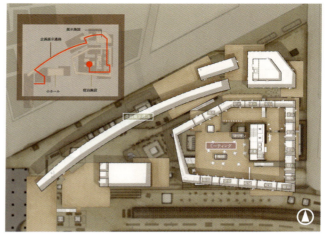

3階平面図

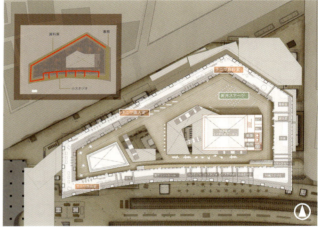

5階平面図

■ 高層 ＝ アーケードのスケール

program
スタジオ・ナニワ資料庫・工房

■ 中層 ＝ 高架下のスケール

program
宿泊施設・展示室

■ 低層 ＝ 屋台のスケール

program
ストリートギャラリー

断面構成｜低層の人々の泥臭いにぎわいをナニワが誇るべき展示物としてとらえ、それらのにぎわいの中から生まれた作品を都市とのスケールに対応させながら上層へと収蔵していく

大阪人博覧会――ミナミを繋ぐ日常のミュージアム――　　石川一平｜立命館大学 理工学部建築都市デザイン学科

# 2位 | Day 2 ファイナリスト／Day 3 3位
2nd Prize | Day 2 Finalist / Day 3 3rd Prize

# ろう

[ID001]

## 相見良樹 Yoshiki AIMI
大阪工業大学 工学部建築学科

都市と地方が区分されるようになり、地方には南北格差が生まれて久しい。そして人口減少と高齢社会を迎え、全体が疲弊しながらひろがってゆく格差。

かつては、人や物資の移動を支え、地域を結び付けていた琵琶湖と湖上交通網は、陸上交通の発達とともに衰退し、湖北もまた急速に衰退した。

今や滋賀県の巨大な「空白」として、地域を分断してさえいる琵琶湖。ろう――老、浪、廊、楼。

琵琶湖を漂いながら地域をつなぎ、滋賀の魅力を引き出す「ろう」とこれからの滋賀県の暮らし方を提案する。

## 航路、航期_中心部と地域をつなぐ1週間

滋賀県の南端に位置し、湖上での暮らしの玄関口となる大津市におの浜から琵琶湖を時計周りに一周する航路。

各地域には24時間以上停泊し、アクティブシニアは結節点を拠点に、地域のポテンシャルに触れることができる。

その中で、地域のポテンシャルを増大させるだけでなく各地域で独立したポテンシャル同志を結びつける。そして、各地域住民の住みづらさを解消する。

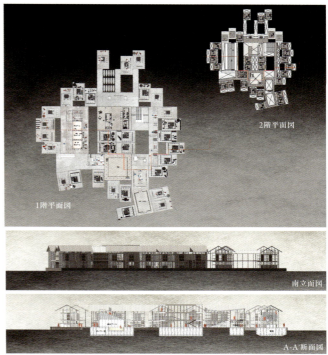

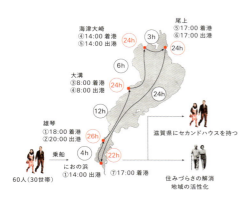

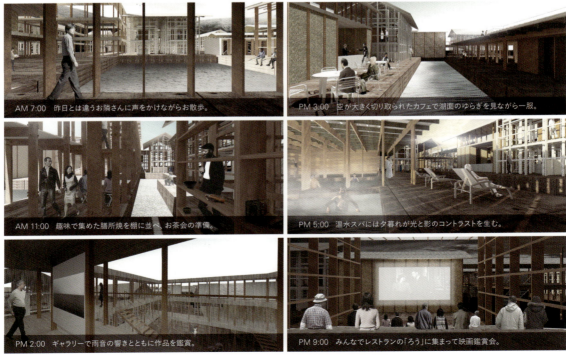

AM 7:00　昨日とは違うお隣さんに声をかけながらお散歩。

PM 3:00　空が大きく切り取られたカフェで湖面のゆらぎを見ながら一服。

AM 11:00　趣味で集めた膳所焼を棚に並べ、お茶会の準備。

PM 5:00　温水スパには夕暮れが光と影のコントラストを生む。

PM 2:00　ギャラリーで雨音の響きとともに作品を鑑賞。

PM 9:00　みんなでレストランの「ろう」に集まって映画鑑賞会。

## 「ろう」のバリエーション

セカンドハウスの「ろう」　カフェの「ろう」

ターミナルの「ろう」　診療所の「ろう」

ギャラリーの「ろう」　スパの「ろう」

ダイニングの「ろう」　キッチンの「ろう」

## 「ろう」の構成

**壁**
夏は風を通すための薄い簾、冬は厚い葦壁といった、湖岸に繁茂する葦や地域に伝わる素材を季節に合わせて利用することで、利便性を担保しながら風景に溶け込み、趣を演出する。

ベンガラ格子　葦壁

葦簀　焼杉

**棚**
セカンドハウスのオーナーの生活スタイルによってさまざまな使われ方をする棚。住み手の趣味や生活スタイルが外部に溢れだすことで交流のきっかけを生む。

**柱、梁**
艀の構造に緊結されるフレーム。100mm角のH形鋼を1mピッチで配置することで、床荷重のような長期荷重や冬の湖北域での積雪をはじめとする短期荷重に耐える。

**吹抜け**
階高を低くすることで全体の高さを抑え、波のある湖上でも転覆を防ぐ。鉄骨造による片持ちの床や吹抜けによって断面に変化を与え、空間のバリエーションを生む。

**基礎**
現在、水上運輸や水乗降時に利用されている艀（はしけ）を基礎として利用する。艀には自走能力はなく、琵琶湖汽船の所有する船舶に牽引される。また、床面積の大きい「ろう」は複数の艀を連結させて利用する。

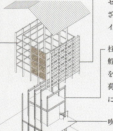

A-A'断面図　B-B'断面図　南立面図

琵琶湖の浅瀬、沿岸ともに利用可能な艀

## におの浜×ろう＝美術館

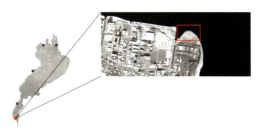

「ろう」接岸時には、琵琶湖の景色を背景に作品鑑賞できる。

セカンドハウスのオーナーの趣味は「ろう」ならではの展示空間になる。

立面図

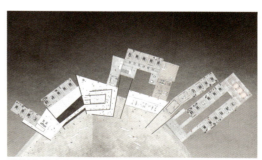
配置図兼1階平面図

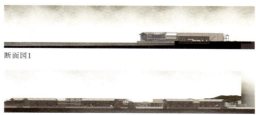
断面図1

断面図2

## 海津大崎×ろう＝劇場

遊歩道は舞台となり、桜吹雪の中で演目がひらかれる。

水面に反射する演奏を階段座席と遊歩道から鑑賞。

さまざまな高さから大崎山の彩りを観る。

断熱のための葦壁は、音の響きを変えると同時に風景を切り取る壁になる。

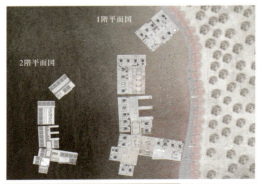
1階平面図／2階平面図

西立面図

## 尾上×ろう＝マーケット

貫入スラブにより倉庫とクッキングスタジオがつながり、鮮度の高い食材を用いた料理教室がひらかれる。

マーケット2階、フレーム部分では他地域名産品を取り扱う店がひらかれる。

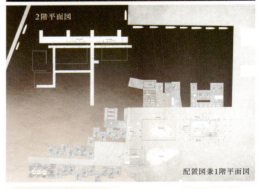
2階平面図／配置図兼1階平面図

西立面図

# 3位
3rd Prize

## f³
――次世代型自在展開式農場――

[ID027]

**大須賀嵩幸** Takayuki Osuka
京都大学 工学部建築学科

19世紀
産業革命により鉄とガラスの建築が生まれパクストンの水晶宮は歴史に
その名を刻んだ。

21世紀
農業の技術革新が進み土を必要としない水耕栽培が可能となった。
今ここに、農業を大地から解放する。
ここで提案するのは3次元の農場である。
2次元の平面的な農場は平面部材の集積によって構成された。
3次元の農場はやはり立体の単位によって構成されるだろう。
はちの巣やせっけんの泡にはある種の多面体がみられる。
自然界にみられるこの形態は作物の栽培スペースを最大化するための
ヒントを与えてくれる。
次代の農業のプロトタイプを求め赤道周辺の3ヵ所に敷地を設定し
地球規模でのケース・スタディとする。

Fabric-Farm

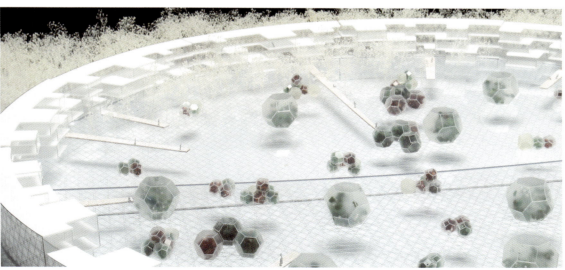
Floating-Farm

DOWNTOWN CORE　　ANAVIRHANAS ARCHIPELAGO

HAGADERA REFUGEE CAMP

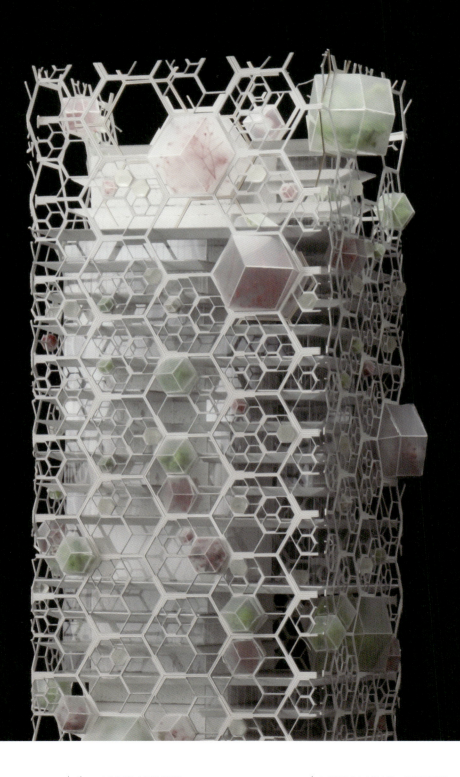

Flying-Farm

013　　f³──次世代型自在展開式農場──　　大須賀嵩幸｜京都大学 工学部建築学科

## Fabric-Farm
ハガデラ難民キャンプ（ケニア）

穀物を栽培して日々の食料にするほか、
コーヒーやスパイスなどの園芸作物を輸出して
利益を得る。

ボロノイ図などの幾何学的手法を用いて、
自然発生的な均質さを内包する難民キャンプの
空間性を取り込む。

## Flying-Farm
ダウンタウンコア（シンガポール）

丹下建築研究所設計のone raffles place
tower2をコンバージョンし、従来のオフィスビルの
新たなスタイルを探る。

いろとりどりの生鮮野菜や果物を生産し、
シンガポールの市場へ供給する。

## Floating-Farm
アマゾン川（ブラジル）

アマゾンハーブを栽培、研究し製薬する。

アマゾン川原産のオオオニバスの形態から
着想を得て、浮体水上農場を計画する。

## デザイン手法　Geometry｜幾何学

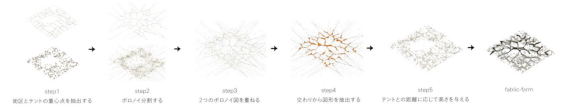

| step1 | step2 | step3 | step4 | step5 | fablic-farm |
|---|---|---|---|---|---|
| 街区とテントの重心点を抽出する | ボロノイ分割する | 2つのボロノイ図を重ねる | 交わりから図形を抽出する | テントとの距離に応じて高さを与える | |

### 構成要素

Unit｜K14S, R12S
Frame｜プレーンハニカムフレーム
Material｜プラスチック

Sサイズの多面体2種類を用い、手作業で収穫できるヒューマンスケールなものとする。

### エリアの特徴

a_テントが多いところでは、フレームは低くなり、住民たちが物干し竿のように利用することも。
b_テントがなくなったあと、新しいテントがハニカムフレームを頼りに建てられる。
c_テントから離れたところでは、フレームは高くなり、手の届かない上層部にはソーラーパネルをはめて発電する。
d_細くなるところはあっても全体は繋がっており、培養液や電気を供給する。

## デザイン手法　Conversion｜用途変更

| existing | core | frame | slub | void | flying-farm |
|---|---|---|---|---|---|
| one raffles place tower2 | コア｜既存 | 外壁｜フラクタルハニカムス | スラブ｜1-47F | ヴォイド｜8箇所 | |

### 構成要素

Unit｜R12S, R12M, R12L
Frame｜フラクタルハニカムフレーム
Material｜鉄骨

菱形12面体を3種類使用する。入れ子構造のS造フラクタルハニカムフレームは現在研究が進んでおり、大きな6角形の中に小さな6角形が入ることで構造性能が増大する。これに多面体温室のシステムを組み込むことで、構造と機能、さらには意匠をまとめて扱う。

### エリアの特徴

ドローンやクレーンを使った収穫補助も必要になってくる。
オフィス｜企業が隣接するヴォイドの農園を管理することもできる。
植物工場はさまざまな企業の参入が著しいビジネスである。
下層部｜レストラン、カフェ、直販マーケットを配置し、生産と消費のサイクルを加速させる。
機械室｜数階ごとに機械室を設けて栽培をコントロールする。
水不足のシンガポールでも、水耕栽培では農業用水を循環して使えるのでロスが少ない。

## デザイン手法　Biomimetics｜生体模倣

| victoria regia | vein | edge | Parasite | floating-farm | floating-farms |
|---|---|---|---|---|---|
| オオオニバス | 葉脈のメタファー | 葉の外周部は反り返る | 縁によりかかる | | |

### 構成要素

Unit｜K14S, K14M, K14L
Frame｜ライトハニカムフレーム
Material｜金属

ケルビン14面体を3種類使用する。空間充填するために三角形の余白の交じったハニカムグリッドを用意する。S,LとMのグリッドを重ね合わせることで六芒星のようなグリッドを形成する。素材は、水中からとれるマグネシウムなどの合金も利用する。

### エリアの特徴

a_研究施設｜円周部分を人の領域とし、研究施設の機能を持たせる。
b_水上農場｜水の上に浮かぶように栽培する収穫は船によって行われる。
c_船の進入経路｜円周の一部を切り欠くことで進入経路とする。

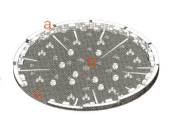

# 風土の再構築
── 淡路島縄文村計画 ──

[ID020]

**石見春香** Haruka IWAMI

滋賀県立大学 環境建築デザイン学科

「山の幸、海の幸といっても、その元は森の幸である。日本列島に森林があることに、わたしたちはあらためて感謝しなければならない。」（上田篤『縄文人に学ぶ』より）

阪神淡路大震災、平成14年から現在へ、そして、残された土地はこれから……。土取り跡地として利用されてきた森を、再び人と森が共生するものに戻す。弥生時代から始まった、稲作のような方法はこの土地に向かなかった。弥生以前の、縄文時代の暮らしと森との接点からヒントを得て、この地の風土を再構築する。

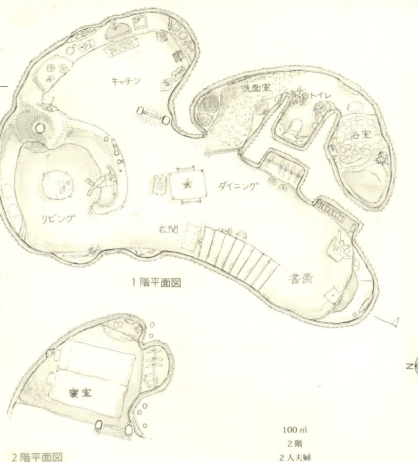

1階平面図

2階平面図

100 ㎡
2階
2人夫婦

住居タイプB

## 村の全体配置

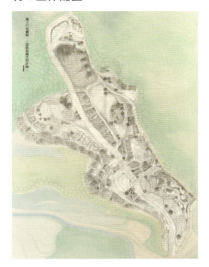

## 土のサイクル

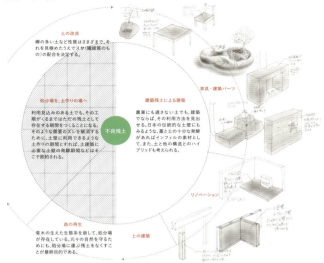

## コンセプト

# 再起の術
―― 竹林を介した人と
山の関係の再編 ――

[ID080]

## 洲脇純平 Junpei SUWAKI

大阪工業大学 工学部空間デザイン学科

支援施設としての機能を併せ持つリゾート施設を構想する。数十年前、火災により寺を失った土地があった。寺が失われたことで力を失い、守られていた山は変貌を遂げている。かつてあった参道を介した近隣との関係、畑・池といった行為に関わる場所は放置され、荒廃の一途をたどっている。一方で、現代社会では社会から切り離され、復帰への道を模索する人々も数多く存在し、そんな彼らの支援のための施設も求められている。荒廃した山と復帰を望む人。両者が繋がることでかつての寺に変わる新たな風景への再編をおこなうことはできないだろうか。

## 建築構成

混構造による建築構成
交換する部分を
柔らかい竹造、
交換されない部分を
硬い石造で構成する

## 多様な時間軸

・竹・筍の生育
・竹林面積の増減
・構造の組みたて・腐食
・畑で育つ野菜
・起こりうる災害

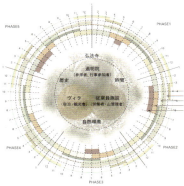

## かつての風景との調和

A｜千手山山頂
〈ヴィラエリア〉

《ヴィラ外観》
南からの光、瀬戸内の風

B｜隣家へと続く道
〈離れ・ホールエリア〉

《離れ・ホール・畑》
畑の再利用、新たな建物

C｜弘報寺跡地
〈エントランス・サービスエリア〉

《エントランス外観》
既存とつくる風景

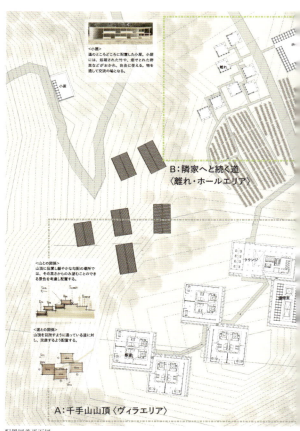

配置図兼平面図

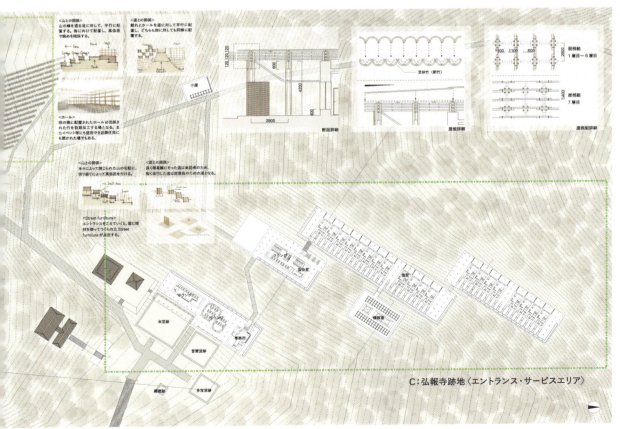

C：弘報寺跡地〈エントランス・サービスエリア〉

# 都市と言う名の監獄

[ID138]

**舩冨勇人** Hayato Funatomi

大阪芸術大学 芸術学部建築学科

人は都市の中で目的に追われ、立ち止まること無く常に動き続けている。しかも、それを無意識で、まるで時間に正確な心を持たない機械のように。都市における合理性を求めた行動は、都市に流れる時間がつくる。そこで、都市の中に時間を守らない者を収容する監獄をつくる。都市の正確な時間と、監獄内の自らの意思で考える時間の違いを見せ、時間を意識するためのきっかけを与える。

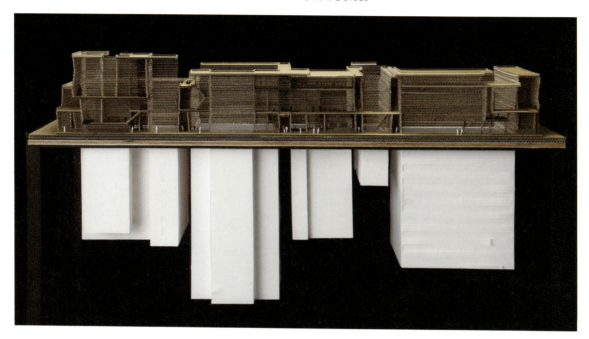

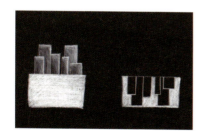

都市では目的に追われてばかりで自分の時間がない。
無意識的に行動を繰り返す。
都市の中で自分を意識するきっかけをつくる。

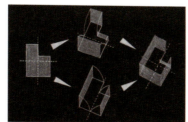

都市は時間に囚われている。
時間を守らなかった者を収容する監獄をつくる。

あくまでも現実的な部分から架空を創造する。
敷地にもともとあった建物を法則的に再構成する。

都市は時間に厳しく、監獄では時間が自由に使える。
双方の違いを見せることで相乗効果を図る。
都市の動線は合理的、監獄の動線は太陽の動きにそう。

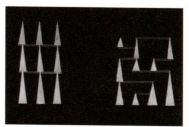

都市では最短距離、最短時間で行動する。
監獄では動線を混雑させることで動線を意識させる。

都市は壁によって様々なものを遮断している。
グリッド上に開いた壁は空間をわけるが、
様々なものを透過させる。

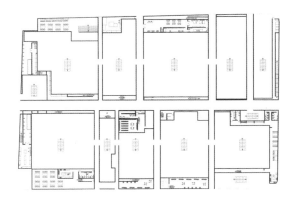
平面図1

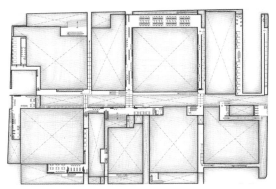
平面図2

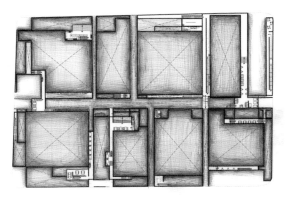
平面図3

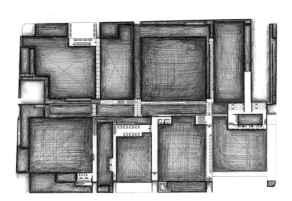
平面図4

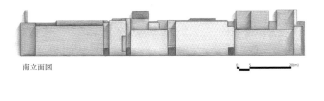
南立面図

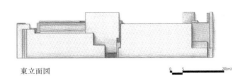
東立面図

北立面図

西立面図

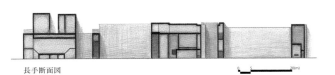
長手断面図

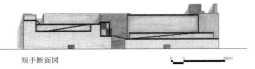
短手断面図

# 百年地図。

[ID155]

**持井英敏** Hidetoshi MOCHII

大阪工業大学 工学部空間デザイン学科

近年見直されている町並みの「価値」。日本の町並みを構成してきたオブジェクト(町家・石畳等)を修繕していくことが限界を迎えた時、その都市に残る真的価値とはなにか。敷地は歴史的な町並みと港湾施設を有する鞆の浦。高まる観光ブームとは裏腹に、押し寄せる観光客による渋滞などのジレンマを抱えている。

ここに2つの建築を起点とした都市計画を提案する。現在希薄になっている海山軸には観光のための施設を、街の入り口には駐車場と客船ターミナルを配置する。人々は漁業などを体験し、鞆の人たちの減少し続ける雇用の場を確保する。これからの100年を持続させるための更新の仕方、「百年地図」。

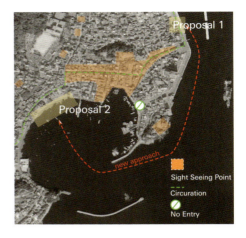

観光の器パース

## 百年地図

100年後も生き生きした町であり続けるための提案

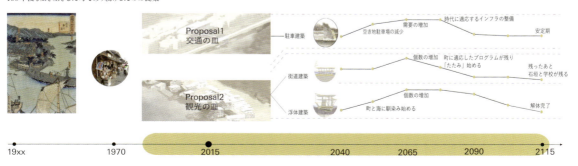

## Proposal 1「交通の器」

プログラム｜立体駐車場、船着場、チケットセンター、多目的室
構造｜木造＋木造浮体

断面図

1階平面図 兼 配置図

パース

## Proposal 2「観光の器」

プログラム｜浜公園、船着場、観光センター、干場、食品加工場、職人育成学校
構造｜木造＋木造浮体

立面図パース

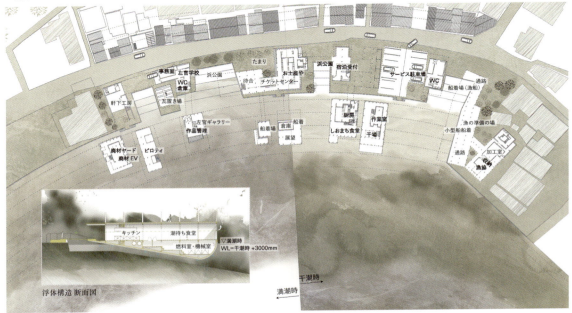

1階平面図

持井英敏｜大阪工業大学 工学部空間デザイン学科

# 白鳥物語
―― エリアナ・パブロワの記憶 ――

[ID133]

## 藤井伊都実 Izumi FUJII
立命館大学 理工学部建築都市デザイン学科

バレエは宮廷舞踊としてイタリアで生まれ、フランスで育ち、ロシアで発展し人々に愛され続けている。日本では子どもたちの身近な習い事として浸透しており、裾野の広い芸術となっている。しかし、日本バレエは海外に比べ国のサポートも乏しく、優秀な人材が海外へ流出し、引退後のバレリーナ達が活躍できる環境も整っていない。本計画は、欧米文化を受け入れる玄関口であり、また日本バレエの母であるエリアナ・パブロワが最初に辿り着いたまち神戸に、日本バレエを支える建築を提案する。この劇場が新たなエトワールが生まれる場となることを望む。

### エリアナ・パブロワ
1920年動乱の祖国ロシアを逃れて日本へ亡命してきたエリアナ・パブロワ。最初に訪れたまち神戸のオリエンタルホテルのレストランのステージで死を表現した「瀕死の白鳥」を踊り、バレエなど知らない日本人に大きな感動を与えた。その後、横浜の七里ヶ浜へと拠点を移し、現在の日本バレエを発展させてきた数多くのバレリーナを育てた。

大人、子供のバレリーナが集う舞台裏空間

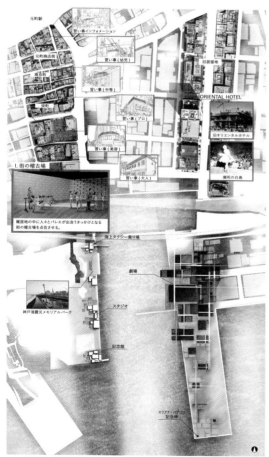

全体敷地図

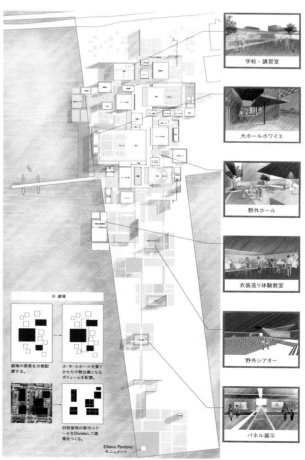

劇場平面図（東側）

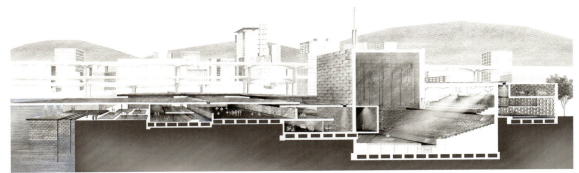

劇場断面パース

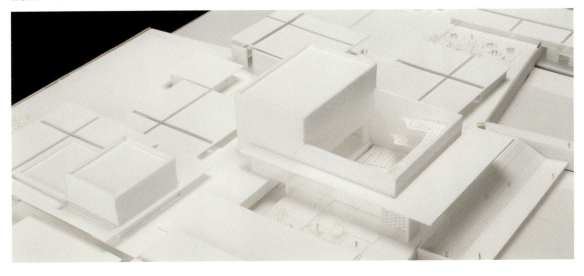

# 一次審査
# 審査員の注目作品

## 内藤 廣

[推薦作品紹介]
### あなたへ
[ID015] 小刀夏未
**大阪大学 地球総合工学科**

これは、模型は断面模型でごっつい岩山をくりぬいているようですが、スケッチが非常にポエティックですね。決してうまくはないんだけど、空間の質をどうやって伝えられるかと、一生懸命伝えようとしている。他の作品が形ばかり追いかけているので、こういう人は非常に大事だと思います。

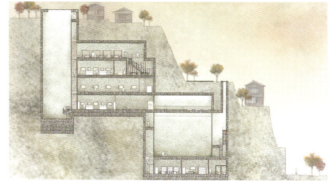

## 忽那裕樹

[推薦作品紹介]
### 鼓動
―― agriculture & architecture ――
[ID033] 垣内美帆子
**京都大学 建築学科**

これは大地に少しずつ埋め込んでいくことで、宿泊施設と工場の関係がつくられている提案で、非常によくできていると思います。プログラムもよく読み込まれていて、ワイン工場として実現性が高く、空間とプログラムのバランスがうまく取れています。ただ、風景の見所がよく分からないということがあって、畑があればそれで雄大だというところで止まっている。見る畑だけではなくて、見られる建築という関係もあるとよいと思いました。

## 手塚由比

[推薦作品紹介]

### 「地」になじむ
──富田林歴史資料施設──

[ID097] 土井康永

**近畿大学 建築学科**

これは、まだ町家が残っている地域に、地元の人たちに馴染むような、小さいけれど、人がたまれる居場所をいろいろとつくるという提案です。それぞれの場所に魅力があり、よいなと思いました。ただ、全体の雰囲気はよいのですが、それによって何をどうしたいのか、まちをどう変えたいのかというようなビジョンが弱く、もう少しその辺のテーマがはっきりすると、形の根拠にもなりよくなったと思います。

## 羽鳥達也

[推薦作品紹介]

### 地図にのこるもの、のこらないもの

[ID055] 草薙竜市

**大阪芸術大学 芸術学部建築学科**

最近よくある電波の入りにくさとか、監視カメラのあるないという情報インフラを根拠にして、何かしら形をつくれないかというトライアルです。これはさらに梅田の地下街をどうやって改良しようかということまでよく考えています。最終的な形もおもしろく、どういう使い方が生まれるのかなと思いましたが、どうしても建築が固く、どうせならキネティックに変化してしまうようなストラクチャーを考えるのでもよかった。電波の状況はどんどん変わっていくので、それに呼応して組み替えていけるような構法的提案だとか、場が盛り上がるとしたらそこにどんどん電波が入るように建築が変わっていくという提案もあるかと思います。

# Day 2

# とんまか
―― もったいない空間と人との関係を再編する商店街 ――

[ID043]

## 川井茜理 Akari KAWAI
滋賀県立大学 環境科学部環境建築デザイン学科

私の生まれた町にある商店街「とんまか通り」では時代の流れと共に若者流出、シャッター街化などが進んでいる。この商店街の「1階の空き店舗」「空き地」「路地・歩道」をもったいない空間としそれらの再編成を行い、老若男女生き生きと過ごせる商店街を提案する。境界が分かれていた、3つのもったいない空間を再配置し、建物に入り組んだ導線を作り建物内に誘い込むことで、出会いを誘発、新たなアクティビティを生む空間へと変化させる。

とんまか――もったいない空間と人との関係を再編する商店街――　　川井茜理｜滋賀県立大学 環境科学部環境建築デザイン学科

## 敷地

## 計画の3段階

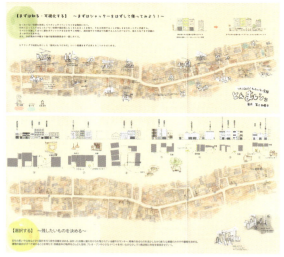

## もったいない空間とは

このような空間は、人と空間の関係がうまくいっていないことの表れであり、時代とともに増加している。新たに建物を建てるのではなくこれらの空間を再編することが今後の商店街の課題であると感じている。

3つのもったいない空間「店舗・空き地・歩道空間」は境界がはっきり分かれている。

3つのもったいない要素を再編成しまぜこぜに配置することで、人の出会いや行動を誘発する

## テラス道

商店街裏の長屋郡が取り壊された跡地に、商店街からの新しい動線を提案する。5箇所にデッキを張り、日常的にもイベント時でも様々な人が利用できる。また商店街の賑やかな雰囲気とは異なり緑に囲まれた落ち着いた空間で楽々なアクティビティが行われる。

農家が盛んな粉河町、地元のおじいちゃん・おばあちゃんが野菜の育て方などを教えてくれる貸し出し農園を作る。畑と畑の間を通り抜けることが出来る。

## 障害を持つ子供たちの施設「ぽんぐり2号」

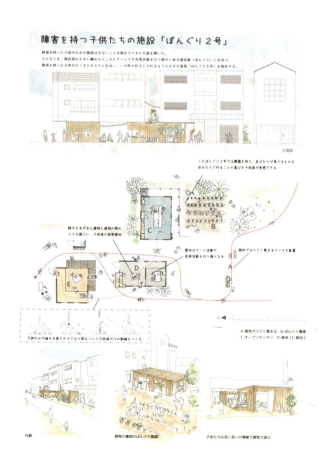

# ママさんアトリエ

化粧品屋さん・ケーキ屋さん、以前この2つの店舗は女の子にとっては夢の国だった。
これからは子育て世代のママさんたちの趣味の空間に生まれ変える。
家にこもり子育ての悩みをかかえこむことなく安心して過ごせる空間を設計する。

立面図

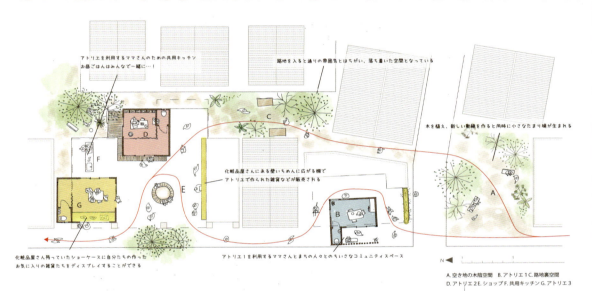

A. 空き地の木陰空間　B. アトリエ1 C. 路地裏空間
D. アトリエ2 E. ショップ F. 共用キッチン G. アトリエ3

外観　通路に面しており、アトリエには子供たちが遊びにきます

様々なアクティビティがみられる

裏路地は落ち着いた空間

# 2位
2nd Prize

# 潮騒の神島家
――朦朧たる《青》の集積――

[ID031]

**大森健史** Takeshi OMORI

大阪芸術大学 芸術学部建築学科

《青》は日本の文化において非常に強い意味を持つ色である。日本家屋には朦朧とした《青》い陰影が存在する。《青》く塗られた家屋が点在する神島を敷地とし、家々や様々な生活の断片的要素の抽出・再構成によって、神島の路地空間や家屋を《青》の断片で埋め尽くし、繋いでいく。そこに現れた《青》の断片の集積は大きな朦朧とした群青世界を生み出し、神島で暮らす人々の営みや、三島由紀夫の小説『潮騒』で描写されている美しい精神性と密接に結びついたものとなるだろう。神島の風景から抽出された部分の集合体は正に「神島家」と呼べる大きな家となる。

## 青の形態化

日本家屋や日本の原風景に見られる《青》
日本家屋における朦朧とした陰影美、また遠景としての群青

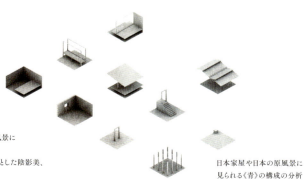

日本家屋や日本の原風景に見られる《青》の構成の分析

## 断片の収集

神島の路地から
抽出した断片

神島の路地から断片を抽出

広場（断片を造形原理とした新築と古い既存家屋の解体）

青がつくり出す風景

家（既存家屋の再プランニングと路地）

配置図兼平面図

## 神島の住宅形式

神島の住宅は敷地の狭さゆえ基本的に縦方向に延びてきた。ほとんどの家に屋根裏や地下室があり、開口部、玄関は山側を向いていることが多い。それに加えて神島の基本的な田の字型プランを引用し家のプランニングをおこなう。

家（アクソメトリック）
倉庫として利用されていた地下階は建具が外され、また一部がセットバックすることで路地の路地空間を拡張する島民の共有の場所となる。

□基本的な平面形式

既存の住宅の配置等から基本的な平面形式を引用した家を設計する。

神島家（アクソメトリック）
既存家屋の部分部分にこのような操作をおこなうことで路地の拡張、また青の断片による『神島家』としての大きな朧朧とした家を計画する。

□計画後

海側に面した和室の一部がボリュームから取り除かれたような平面計画をおこなう。またその取り除かれた和室が重なっていた位置の地下階の天井を穿ち住宅内部の生活が外部にしみ出すような計画をおこなう。

a-a' 断面図

# 3位 | Day 1 ファイナリスト
3rd Prize | Day 1 Finalist

## 融解する幻想
――自然界におけるディナージーを手掛かりとした
紙により導き出される微現象の表出――

[ID093]

**谷戸星香** Seika TANIDO
**立命館大学 理工学部建築都市デザイン学科**

私たちの根源にあり美しく豊かなフォルムを生み出す自然界におけるパターン。その創造過程であるディナージーにこそ形態の広がりの可能性があるのではないか。

　自然界の多様な曲線を導き出すことを根源とし、何者にも支配されることのないような豊かな空間を創出することを考えた。

　導かれたフォルムは、柔らかな白の曲面を生み出し、風、身体、太陽の動き、……様々なものを微細に捉え、図面に表せない空間の豊かさを作り出した。微細な現象を表出する空間が人に揺り起こす繊細な感覚は、普段'私が見ている世界'の薄弱さ、頼りなさを喚起させうるのではないか。

　そんな五感をもって認識する空間は、日常にほんの少しの深みと新たな色彩を与えるであろう。

ⅰ. 紙による曲線スタディ

ⅱ. ディナージーによる分類

ⅲ. 特性の検討

ⅳ. 空間への昇華

## 螺旋 helix '光と感覚のグラデーション'

01. モジュール抽出
自然界における螺旋の多くは付加成長を繰り返すことにより螺旋を描く。'付加成長'により螺旋を描くような扇型や台形のようなフォルムを抽出した。

02. 付加成長
自然界の螺旋は、相似形を保ちながら少しずつ大きくなり、'対数螺旋'を描く。それにより、'成長''始点''秩序'といった螺旋の特性が生まれてくる。抽出したモジュールを'付加成長'的に対数螺旋の配列で展開することにより螺旋の特性を保持する。対数螺旋は、r=aθに対してa=1.3を定め展開を行う。

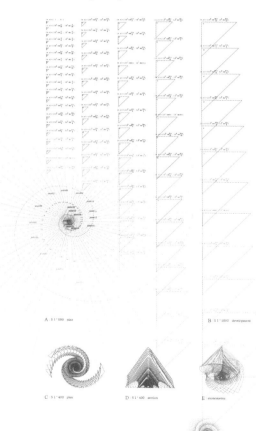

03. 光と感覚のグラデーション
曲線が付加成長を保ちながら集合することにより、複数の曲面空間と螺旋空間が同居しあう空間が生まれる。素材を半透明にし、螺旋の特徴の一つである'秩序'を拡張することで、空間に白色と光の陰影、スケールのグラデーションを生む。始点に近いほど、限りなく内に近づき、徐々に外界から遠ざかる。拾い上げる刺激は少なくなり、感覚が研ぎ澄まされていく。

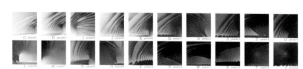

## 懸垂線 catenary '呼応する重力のかたち'

01. モジュール抽出
'重力の作用'という懸垂線の性質によって形成されるフォルムを抽出した。

02. 質量の変化
懸垂線の特性は、'普遍'な重力が作用していることだ。抽出したモジュールに対して、一定な人の荷重が加わるとすると、垂らす長さが変化しても、端部の形状に変化が出ないが、幅を変えると受け止める力に対する面積が変わり形状に変化が生まれ重る。

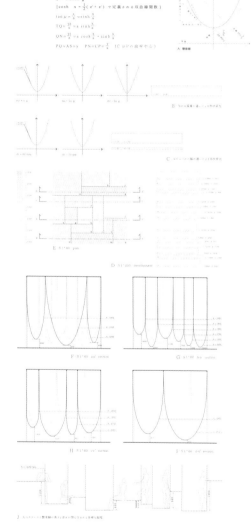

03. 呼応する重力のかたち
モジュールの幅と人の荷重、人の動きによる圧力のかかり方により懸垂線に多様なゆらぎが生まれる。'普遍'な重力と変化のある人の間に生まれる空間は、重力を表出する曲線と動きのある多様な重なりを生み出し、陰影のグラデーションに変化を与える。

## 樹状構造 tree structure '雨の流域を映す'

01. モジュール抽出

02. フラクタル分岐

樹状構造の成長特性として、'自己相似性' を保ちながら 'フラクタルに分岐' していくことが挙げられる。フラクタル分岐的に展開していくことで '流動性' を保持する。抽出したモジュールの形状から、8つの分岐展開を定めた。それに、抽出したモジュールの取り出す場所の違いおける4つの面のバリエーションを掛け合わせながら展開を行う。

03. 雨の領域を映す

流れを作り出すモジュールから生まれた空間は、立体的に細部まで行き渡る流域を持つ。その特徴から、この空間に降り注ぐ雨は、様々な速度で空間全体を行き渡り、雨の滴る音、匂い、濡れた曲面、雲の流れを映す水溜まり……内部空間でありながら雨により生起する様々な事象を五感全体から感じさせる。

## 風紋 ripple marks '変容する揺らぎ'

01. モジュール抽出
風紋の特徴の一つである '進行性' を持つまたは感じられるフォルムを抽出した。

02. 並列に配列される反復

風の流れにより形成される模様は、風速と風向きにより様々であるが、共通する特徴として同じ 'ような' 形状が '並列' して1方向に向かって進行する。抽出したモジュールは、切れ込みを入れる寸法比と開く角度を変化させ曲線に違いを生む。微小に変わるモジュールを並列に配列させ展開していく。

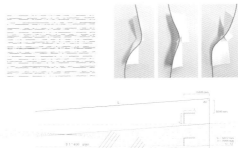

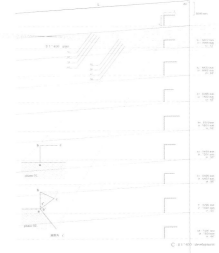

03. 変容する揺らぎ

一方向のみの進行性を持つモジュールの反復により形成される空間は、風が吹くと、一方に向かって形態が変容する。また、人の歩みといった鉛直方向の臨時荷重に対しても形状が変化し、地盤のような所が壁っぽい部分になったり、分断された空間がつながったり、普段の空間構成要素の認識を揺るがす。絶え間なく変容を繰り返す波のような揺らぎと進行性のある空間。

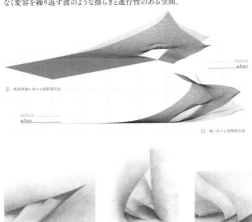

# 時を編む

[ID015]

## 板倉彰吾 Shogo ITAKURA

**大阪大学 工学部地球総合工学科**

国民の代表であるはずの国会議員の汚職問題、政治的無関心などによる選挙投票率の低下など政治を取り巻く環境はよくない。制度改革は少しずつおこなわれているが、本質的な国会の議論体制は閉じたままで昔から変わらない。閉じられた国会議事堂の中身を解体し、人々に情報の価値観を意識させ、その情報自体に秩序を与える図書館と複合させ国会を開く。人々にとって政治の場、政治そのものが身近なものとなり、また、国会議員の意識にも変化が生じる。

### 機能の組み替え

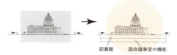

議員が使う国会議事堂内部の本会議場以外の機能を地下2階（一部地下1階）に埋没させ、地下1階と議事堂内の一部を図書館、議事堂周辺を都市公園として解放する。

### 空間の開き方

地下部分は既存の国会議事堂内部と対比させる形で、壁を解体し、柱だけで領域を作る。柱の密度・距離感によって様々な広さをもった領域をつくりだす。

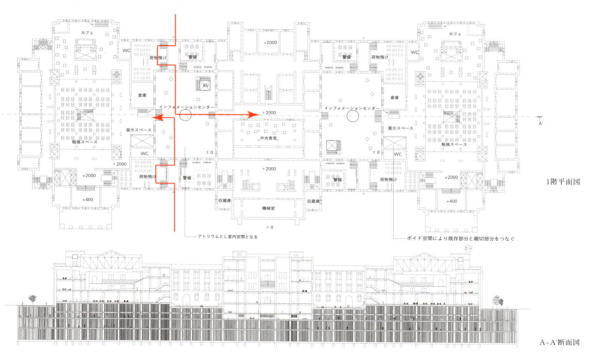

1階平面図

A-A'断面図

国会議事堂へ向かう人々

既存の国会議事堂の柱と新しく打ち立てた柱との対比

## 構成

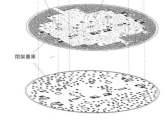

歴史展示室
本会議場
開かれた議員食堂
都市公園として開放
図書館
ボイド（委員会・集会室）
国会議員の執務空間
閉架書庫

図書館
地下1階平面図

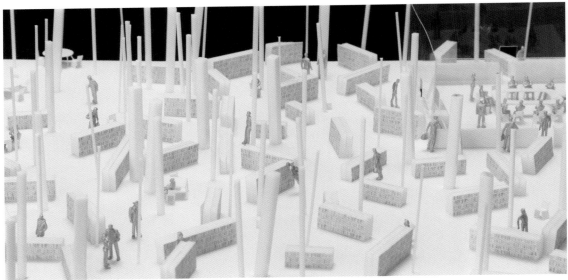
図書館内部

043　時を編む　　　板倉彰吾｜大阪大学 工学部地球総合工学科

# うつせみの
―― 知覚する身体のための建築：
モーリス・メルロ＝ポンティ ラジオ講演 1948年より――

[ID094]

## 田原迫はるか Haruka TAHARASAKO
京都大学 工学部建築学科

この世に生きている人間。転じて、生きている人間の世界。うつせみ。
セミの抜け殻。またはセミそのもの。
わたしは、わたしのからだを、いったいどこに置いてきたのだろう。
増え続ける情報と速度は、わたしたちと身体を切り離してしまった。
建築は、世界とわたしの間にからだを取り戻す装置とならないだろうか。
現象学の立場から身体と世界の関係を明らかにしようとした哲学者、
メルロ＝ポンティによる全七章からなる講演を題材に、
知覚する身体のための建築を構想する。
身体と精神、知覚と理性、生と死……対立と優劣が融ける場所。

## 各章と構成の対応

### 第一章. 知覚的世界と科学の世界
対比・光
――理性の絶対的客観性を否定する空間
屋根のスリットから差し込んだ光はスチールで乱反射し、天井面に時とともに移ろう模様を刻む。客観的に定めることのできない空間を知る。

### 第二章. 知覚的世界の探索 ―― 空間
空間・重力
――世界の歪みを感じる空間
空間を等質な環境とし、事物の変化を否定する理性に対して、身体機能による移動の違いを浮かびたたせる。屋根の重力に従うように窪んだメッシュに足をとられ、垂直方向への限界を知る経験は、砂丘を歩くことと似ている。

### 第三章. 知覚的世界の探索 ―― 感知される事物
事物・空
――外部の感情を取り込む空間
事物を空模様と読みかえ、外部に存在するはずの空や雨を包みこみ、内の中の外を感じる。快晴の空、しとしとと降る雨は、ただの現象ではない感情的な意味を持つだろう。

### 第四章. 知覚的世界の探索 ―― 動物性
動物性・暗闇
――自らの不完全さを体験する空間
密に編まれたメッシュの中では、光をもたらす屋根スラブを確認できない。当然として存在していたものを失ったとき、人は新しい視点を見つけるだろうか。

### 第五章. 外部から見た人間
他者・ふるまい
――網目越しに他者のふるまいを感じる空間
狭く不安定な山道を見知らぬ他者とすれ違う時、わたしたちは否応なしに視線やふるまいを交換することで初めて他者を知る。精神と身体を純化して優劣をつける思想に疑いの目を向ける。

### 第六章. 藝術と知覚的世界
藝術・選択
――からだに選択される空間
無数にあるカーテンのようなくぼみでたたずむことは、藝術の対象と表現手法の関係と同様だ。身体が選んだ空間は固有のものとして切り離せず、身体はそこにいない身体と別物になる。

### 第七章. 古典的世界と現代世界
両義性・循環
――ふたつの世界を知らない間につなげる空間
メビウスの輪のように表と裏が曖昧となり、理性的な空間感覚を揺るがす。見上げるのみだったスラブをここでは初めて見下ろし、またもと来た空間へ戻っていく。

## 断片の収集

| a 光の反射を眺める | b 砂丘をあるく | c 雨音をきく | d 洞窟にひそむ | e 山道を登る | f カーテンに隠れる |

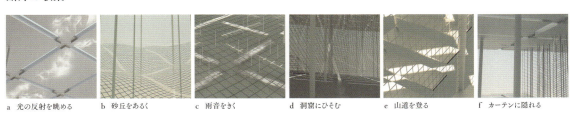

立面図

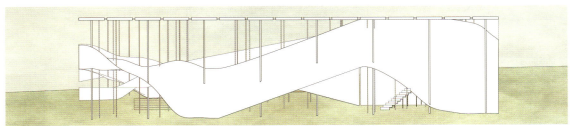

断面図

配置図

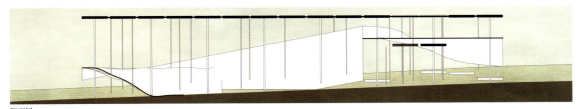

メッシュ平面図（+6400mm）

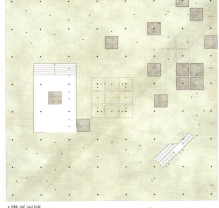

1階平面図

うつせみの ——知覚する身体のための建築：導モーリス・メルロ＝ポンティ ラジオ講演1948年より—— 田原迫はるか｜京都大学 工学部建築学科

# 幻影

[ID106]

## 中村勝広 Katsuhiro NAKAMURA
**大阪大学 工学部地球総合工学科**

　第二次世界大戦中の大阪大空襲によって周辺が焼け野原となった中で、戦災を免れた場所である。ここには古い長屋が林立するまちなみが残っている。古民家の多くは住民の高齢化と伴い空室が増えていたが、2000年頃から若いアーティスト達が空き家になった住宅を改修してブティック・喫茶店・小物雑貨店・ギャラリーなどとし、地域の住民を巻き込んで自らの個性やライフスタイルを表現する場となった。

　2010年頃から近代化の過程で、中崎町の周囲に高層マンションやビルが次々と立ち並ぶようになり中崎町に居場所を失う人が増える。

　大阪はさらに近代化が進み、中崎町内部にまで都市が侵食していく。かつて住民とアーティスト達の間にあったコミュニティは無残に踏み潰される。

　都市化によって居場所を失った人は都市に抗う意思を持つようになり、中崎町のシンボルとなるものを築き上げていく。

中崎町の風景

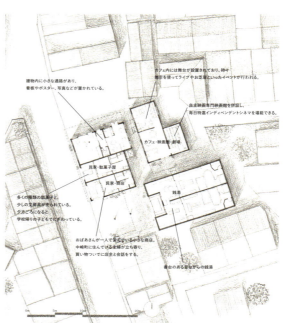

GL+0mm〜+3,000mm 平面図兼配置図

GL+6,000mm～+9,600mm 平面図

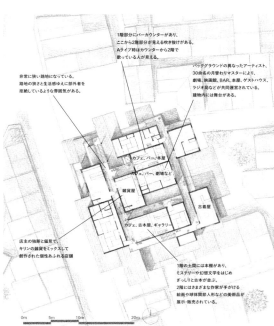

GL+21,000mm～+24,000mm 平面図

# ツギハギ
## ──「貸す−借りる」の関係が編むまち──

[ID128]

### 廣田貴之 Takayuki HIROTA
**大阪工業大学 工学部建築学科**

「無駄」を省いてきた効率社会。これは評価軸を変えると有用な「資源」を捨ててきたともいえる。

時間の堆積により生まれる味わいや深みといった「価値」、そして地域との「つながり」も省かれてきた。

社会には、使用可能な「廃材」だけでなく、ある人にとっては不要でも、別の人にとっては有用な「資材」がある。本提案は、地域に眠るさまざまな「資材」を「貸す−借りる」という関係により「流通」させることで、地域の「つながり」の再生を目指す。

効率優先の個人主義的な生活ではなく、お互いの足りないモノ、場所、時間、行為を補いながら周りを巻き込み広がっていく。「貸す−借りる」の関係が糸を編むように「ツギハギ」していくまちの提案です。

## プログラム──「貸す−借りる」システムの展開──

### Phase 1 [モノの「貸す-借りる」が地域をつなぐ]
### Phase 2 [行為の「貸す-借りる」が地域を更新する]
### Phase 3 [「貸す-借りる」により混ざり、広がってゆく]

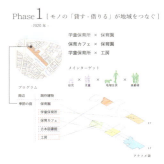
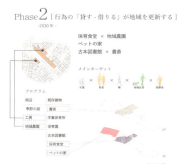
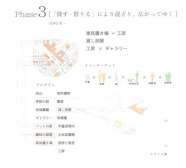

### フェーズ1

### フェーズ2

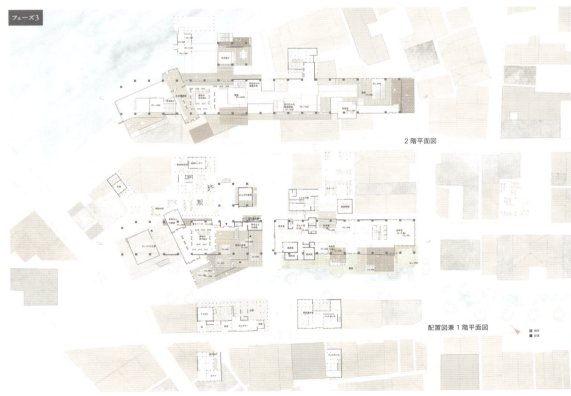

フェーズ3

2階平面図

配置図兼1階平面図

ツギハギ ──「貸す−借りる」の関係が編むまち── 　廣田貴之｜大阪工業大学 工学部建築学科

# 田の浦に住む大工見習いの家

[ID169]

横木相汰 Sota YOKOKI

滋賀県立大学 環境建築デザイン学科

　東日本大震災により、宮城県本吉郡南三陸町歌津田の浦は、大きな被害をうけた。私は、「建築学生になにができるのか」と始まった「木興プロジェクト」の一員として田の浦に関わってきた。震災から5年経つと、生業である養殖業の安定と、高台移転先の整備により仮設住宅からの移動、めまぐるしく環境は変化していた。しかし、生活が安定し始めたからこそ、建築や文化、自然やコミュニティ等、このままでは喪失してしまう事が多いのではと考えた。

　そこで私は決意した。「田の浦」という地域の為に生きていく事を。様々な問題を、私自身の持つ可能性と、大工という職がもちうる可能性で解決していく。それが私の生きる道だ。

　漁に向かう人と会話する、散歩に来る人と井戸端会議をする、子供たちが遊ぶ、共に大漁を祝う、仕事の休憩をする、伝統と文化を知る場所。これは「田の浦に住む大工見習いの家」という個人の家であると同時に、田の浦の未来の、次の世代のための建築である。私は、次の世代の、これからの田の浦の建築を『命や思いを守り・伝統と文化を継承する建築』として設計した。

## I期「オカミ」……「オカミ」とは、歌津地方の部屋の呼称である。家の中でも一番大切な場所である。

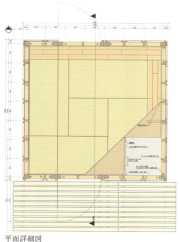

平面詳細図

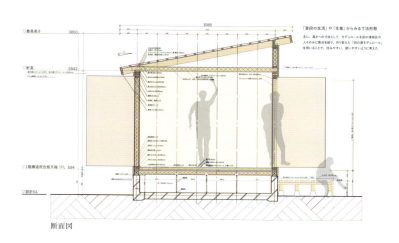

断面図

## II期 「ワタマシ」

……「ワタマシ」（渡座）とは、歌津地方で新屋が完成したときの祝いの行事のこと。地域の人、工事関係者が共に祝う。

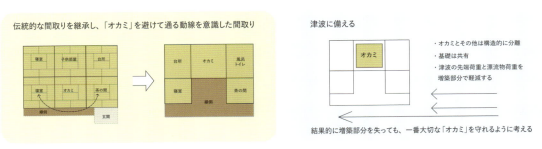

伝統的な間取りを継承し、「オカミ」を避けて通る動線を意識した間取り

津波に備える

・オカミとその他は構造的に分離
・基礎は共有
・津波の先端荷重と漂流物荷重を増築部分で軽減する

結果的に増築部分を失っても、一番大切な「オカミ」を守れるように考える

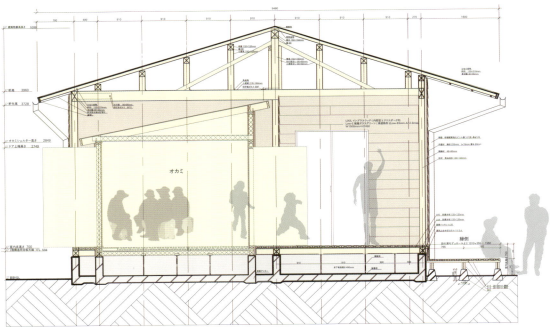

断面図

# 一次審査
# 審査員の注目作品

## 山口陽登

[推薦作品紹介]

### ビオトープに暮らすコミュニティ計画
[ID149] 松田 直子
**京都女子大学 生活造形学科**

研究に裏付けされた文章と精緻なスケッチが目を引く作品です。ゼロからつくることを提案するのは勇気がいる時代だが、建築や都市を超えた生態系の視点から、人が暮らすための豊かな住宅地が計画されている。生態系の視点が住宅の外側だけでなく、それぞれの住宅の内部空間にも影響を及ぼしていることを期待。一方で住宅のプランをしつこく提案せずとも心地よい住宅地が生まれる可能性を作者は提示したかったのかもしれない。

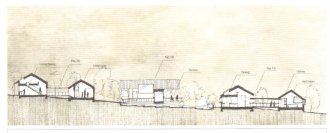

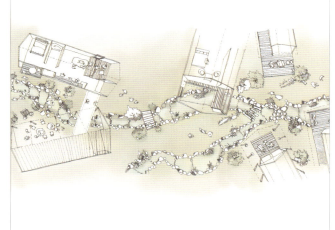

## 河野桃子

[推薦作品紹介]

### 生活の島、生きられた空間の旅
[ID108] 中村睦美
**滋賀県立大学 環境建築デザイン学科**

山口さんには、「問題が簡単すぎるんじゃない?」って言われちゃうかもしれません 笑。でも私には、一つひとつの空間体験に彼女が真剣に向き合ったことが感じられました。計画は、元々そこにあった風景のような、優しいものばかり。ドローイングも含め、心地のよい世界観が好きだったので選出しました。

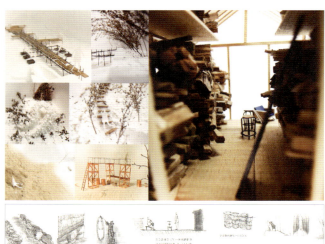

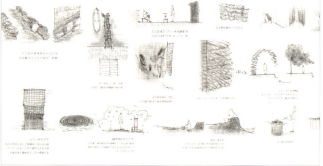

## 小松一平

[推薦作品紹介]

## Spiral Extension
―― 無限成長美術館――

[ID047] 川本 稜

**京都大学 工学部建築学科**

海上を漂流しながら無限に増築されていくというストーリーに目を惹かれました。地上に建つのとは全く違う難しい問題がおこってくることは予想できますが、例えば波については、ゆれることをポジティブに扱ってもよいと思います。増築システムについても、増築のたびに、それまでは床だったところが壁になったりと、床・壁・天井がコロコロと入れ替わるようなことが起こってもいいと思いました。様々な展開を考えたくなるようなこちら側の想像をかきたててくれる作品でした。

## 高栄智史

[推薦作品紹介]

## 十月のサナトリウム、
## あるいは、記憶の織物

[ID048] 貫野実穂

**大阪芸術大学 芸術学部建築学科**

作品を理解し価値を共有するためには言語を必要としつつ、一方で建築は言語を超える魅力を持つ可能性を秘めている。貫野さんの作品からはそうした建築そのものがもつ魅力を感じた。廃墟を一種のイニシエーション（壁）として機能させ、双方のサナトリウムをうまく形態として融合させている。彼女のそうした直感的な操作は非常に魅力的に建築の空間として落とし込まれており、設計力の高さが伺えた。卒業設計の審査ではどうしても作品に説明義務が生まれてしまうが、言葉で説明をすることによらない建築の魅せ方もきっとあるはずだ。説明を加えることでかえって評価の幅を狭めてしまうこともある。日本の建築教育の中では未だ茨の道かもしれないが、今後の作品に期待したい。

# Day 3

## 1位 | Day 1／Day 2 ファイナリスト
### 1st Prize | Day 1/Day 2 Finalist

# 陶の棲家
## ──個の絡まりによる断面風景──

[ID129]

**廣田未紗** Misa HIROTA

立命館大学 理工学部建築都市デザイン学科

現在の伝統産業における記憶の表面的な残され方に警鐘をならしたい。瀬戸では「陶器の生涯」の場所は点在している。そして、その点としてある伝統産業の生々しい場は消失に向かっている。そこで『捨てられ再び作られる』という陶器にとっての「終の棲家」を挿入することを提案する。それらは循環され、集密化される。そして、脈々と絡み合う。今まで日常に隠れていたものが可視化される。相互にまちとの繋がりを誘発させ、まち全体で伝統産業を守り続ける。それこそが伝統産業の残し方なのではないのだろうか。

### 敷地図

1. 瀬戸キャニオン
2. 矢田川
3. 尾張瀬戸駅
4. 瀬戸蔵
5. せと末広商店街・銀座通り商店街
6. 陶彦神社・深川神社
7. 窯垣の小径

### 現状

■衰退していく窯業

■増加し続ける瀬戸の廃陶器と瀬戸市のゴミ処理問題

## コンセプト・ダイアグラム

〈現状〉材料が掘り起こされてから、捨てられ砕かれるまでが陶器の生涯。
このそれぞれの機能が瀬戸市に点在しており衰退してきている。

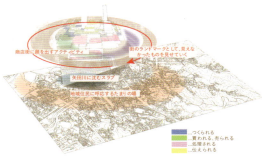

〈提案〉「捨てる」行為を挿入し、同時に「リサイクルする」行為を加えると、
そこは陶器の機能の集密地となる。

陶の棲家――個の絡まりによる断面風景――　　廣田未紗｜立命館大学 理工学部建築都市デザイン学科

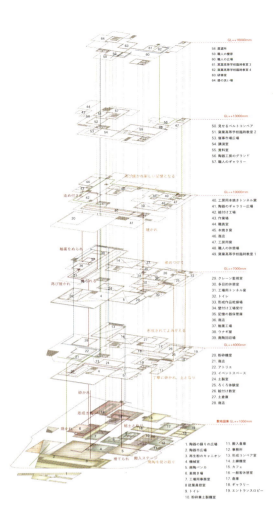
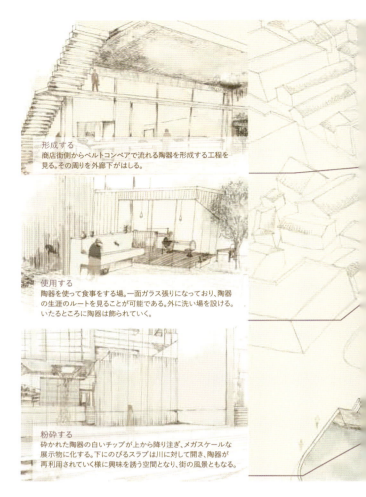

### 形成する
商店街側からベルトコンベアで流れる陶器を形成する工程を見る。その周りを外廊下がはしる。

### 使用する
陶器を使って食事をする場。一面ガラス張りになっており、陶器の生涯のルートを見ることが可能である。外に洗い場を設ける。いたるところに陶器は飾られていく。

### 粉砕する
砕かれた陶器の白いチップが上から降り注ぎ、メガスケールな展示物に化する。下にのびるスラブは川に対して開き、陶器が再利用されていく様に興味を誘う空間となり、街の風景ともなる。

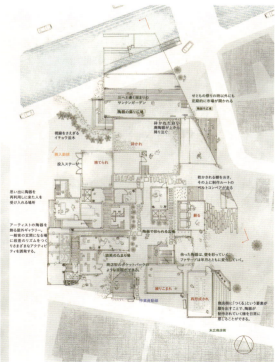

GL=+1000 平面図

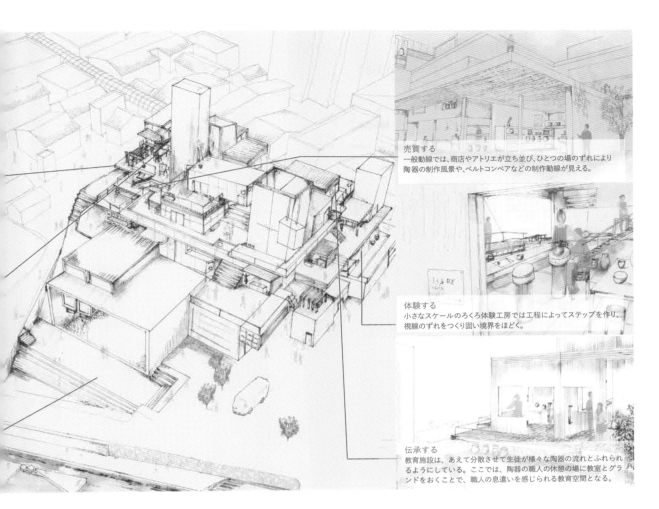

**売買する**
一般動線では、商店やアトリエが立ち並び、ひとつの場のずれにより陶器の制作風景や、ベルトコンベアなどの制作動線が見える。

**体験する**
小さなスケールのろくろ体験工房では工程によってステップを作り、視線のずれをつくり固い境界をほどく。

**伝承する**
教育施設は、あえて分散させて生徒が様々な陶器の流れとふれられるようにしている。ここでは、陶器の職人の休憩の場に教室とグランドをおくことで、職人の息遣いを感じられる教育空間となる。

# 2位
## 2nd Prize

# Spiral Extension
―― 無限成長美術館 ――

[ID047]

### 川本 稜 Ryo KAWAMOTO
京都大学 工学部建築学科

コルビジュエの無限成長美術館のシステムを、三次元的に置き換えた空間を構想する。それは、動線とスケールとが比例して螺旋状に成長する空間であり、コアやフレームにユニットを足していくようなメタボリズム的な成長のシステムとは異なったものとなる。
　この建築を海上に浮かせ、世界中の海を漂いながら物を収集して大きくなっていくシェルターとして提案する。

ROOF PLAN 1/1000

| Phase1 | | Phase2 | | Phase3 | | Phase4 | |
|---|---|---|---|---|---|---|---|
| 1 | エントランス | 8 | 展示スペース | 9 | エントランス | 12 | 給気口 |
| 2 | エントランスロビー | | | 10 | 螺旋ロビー | 13 | 螺旋ロビー |
| 3 | 展示スペース | | | 11 | 展示スペース | 14 | 展示スペー |
| 4 | メインロビー | | | | | 15 | 事務室 |
| 5 | 事務室 | | | | | 16 | バラストタ |
| 6 | トイレ | | | | | | |
| 7 | 展示スペース | | | | | | |

## Form Diagram

水平に取った螺旋に対して、螺旋より上側に増築するパターンと、下側に増築するパターンの2通りがあり、交互に付け足して大きくなっていく。すなわち、Type-AとType-Bの2通りの直方体を設計すれば良い。

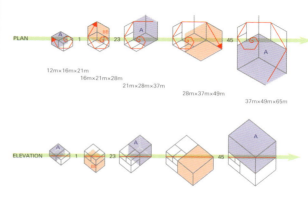

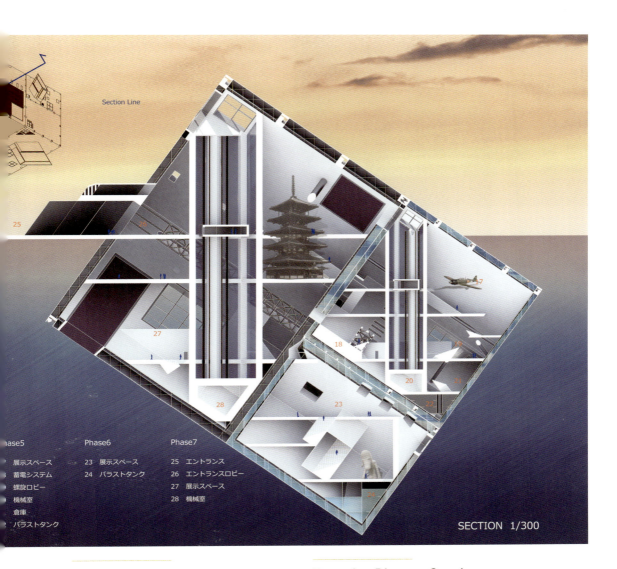

Section Line

SECTION 1/300

| Phase5 | Phase6 | Phase7 |
|---|---|---|
| 展示スペース | 23 展示スペース | 25 エントランス |
| 蓄電システム | 24 バラストタンク | 26 エントランスロビー |
| 螺旋ロビー | | 27 展示スペース |
| 機械室 | | 28 機械室 |
| 倉庫 | | |
| バラストタンク | | |

## Floatation Diagram

重心は建築の中心から　　船舶と同様に
ずれているが　　　　　　復原性によって
浮力の作用線と一致し、　元の状態に戻る。
釣り合う。

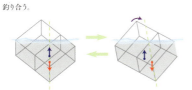

この建築では増築する各々の直方体の最下部にバラスト
タンクを設け、それらを連結させていく。それぞれのバラスト
タンクで水量を調節して全体の重量、重心を調節する。

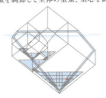

## Extension Diagram Coupler

全方向に増築するため
六面全てに設置する。

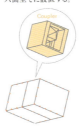

噛合わせるようにして連結する。

船舶で次の段階の
直方体を引いてくる
ようにして運ぶ。

そのままのレベルでは
連結することが難しいので
バラスト水を入れて重量を
大きくし、一度全体を
海中に沈めてから連結させる。

連結後、バラスト水を
抜いて重量を小さくして
喫水を調整する。

Spiral Extension ── 無限成長美術館 ──　　川本 稜｜京都大学 工学部建築学科

## Elevation

建築の外観は、開口部、給気口、排気口、後に通路となる部分の鉄板、連結器、そしてソーラーパネルから成る。海面より上の部分にはソーラーパネルを配置し、建築内で消費される電力を賄う。

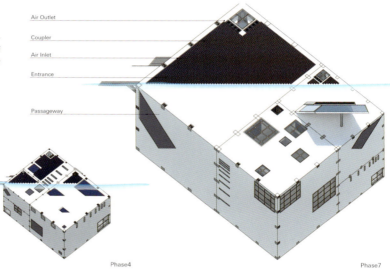

Air Outlet
Coupler
Air Inlet
Entrance
Passageway

Phase1　　Phase4　　Phase7

## Entrance Plan

Phase4

Phase1

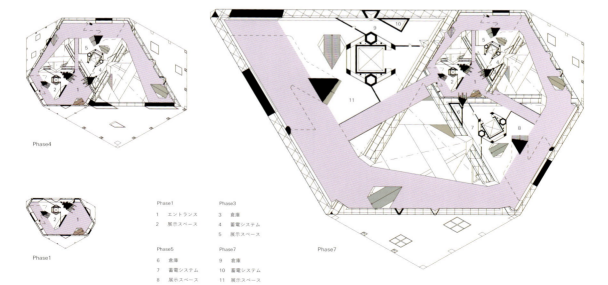

Phase7

| Phase1 | Phase3 |
|---|---|
| 1 エントランス | 3 倉庫 |
| 2 展示スペース | 4 蓄電システム |
| | 5 展示スペース |

| Phase5 | Phase7 |
|---|---|
| 6 倉庫 | 9 倉庫 |
| 7 蓄電システム | 10 蓄電システム |
| 8 展示スペース | 11 展示スペース |

## Type-A Component

③ 21m × 28m × 37m
⑤ 37m × 49m × 65m
⑦ 65m × 86m × 114m
⑨ 114m × 151m × 200m
⑪ 200m × 265m × 351m
...

## Type-B Component

② 16m × 21m × 28m
④ 28m × 37m × 49m
⑥ 49m × 65m × 86m
⑧ 86m × 114m × 151m
⑩ 151m × 200m × 265m
...

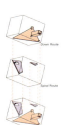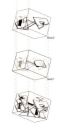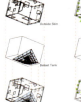

# 日向神峡の間
## ──ダム湖の出現により浸水した峡谷と人との縁結び──

[ID116]

**馬場智美** Tomomi BABA

神戸大学 工学部建築学科

日向の神々が降り立ったという伝説の残る秘境・日向神峡。その美しい景観は63年前のダム湖の出現により大きく変貌した。浸水した峡谷のダム湖沿いに2つの建築を提案する。

本計画は1. 水──ソフトスケープ──と建築の間、2. 岩──ハードスケープ──と建築の間、3. 建築と建築の間を考察し、新しい間──あいだ──の関係を日向神峡に提案するものである。岬の展望台と岩場のゲストハウスの2つの建築は、峡谷における「門」とクライマックスにあたる「本丸」になる。対照的な性質をもつ2つの建築によって湖を中心に峡谷全体が一つになっていく。

### 岩峰のゲストハウス──岩と建築空間との10の関係──

A–A'断面図

4F平面図

日向神峡の千本桜

岬の展望台
"門"

岩峰のゲストハウス
"本丸"

日向神ダム

## 岬の展望台──ダム湖の年間水位差28Mを利用した水辺空間──

展望台
ダム管理事務所
峡谷の案内所
伸縮するデッキ

配置図兼1階平面図

### ラウンジから望む日向神峡のパノラマ
左手よりダム、黒岩、赤い橋、そしてその奥に日向神峡の象徴である奇岩群の中でも最も美しいとされる正面岩を一望できる。

### 浸水ミュージアム
壁面にアクリルガラスを使用し、水面のラインが季節により登ったり降りたりする。日向神ダムと峡谷の岩々のための浸水資料館。

# 地図にのこるもの、のこらないもの、

[ID055]

**草薙竜市** Ryuichi KUSANAGI
大阪芸術大学 芸術学部建築学科

現代社会は、ネットワーク状のつながりで出来ていると言っても過言ではない。ホットペッパーの情報や食べログの評価の星の数など実際にその場所に行かなくても様々な情報を携帯やパソコンで知ることが出来てしまう。しかしその情報は軽薄なものであり、それを安易に享受してしまっていることは、危うい事である。その状況を知るということが、大切ではないかと考え、情報を可視化させようと考えた。

## 情報模型

大阪駅の地下街での通信量、通信速度を調べ数値化し地形化した

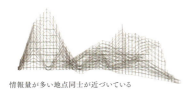

情報量が多い地点同士が近づいている

上のラインがWiFi（情報発信源の量）
下のラインがLTE（情報の速さ、繋がりやすさ）
ほぼこの2つのラインは比例している。

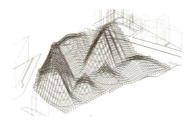

情報という目に見えていないパラメーターで建築を構成する事は出来るのだろうか？地図に残らない情報をレイヤーのように重ね合わせることでそれぞれの情報が溶け出したような空間が生まれ、それらの不可視なものが、建築とは関係ないパラメーターによって可視化され建築の価値が解消されるのではないか。

情報量が多い者同士近づくことによって、今まで見えていなかったものが見えてくるのではないか。

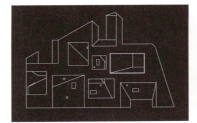

屋根伏

地下1階平面図

地下2階平面図

地下3階平面図

地下4階平面図

地下5階平面図

断面図

内観パース

地図にのこるもの、のこらないもの、

草薙竜市 ｜ 大阪芸術大学 芸術学部建築学科

# 10万年の責任
## ——美浜原発跡地利用計画——

[ID100]

**中城貴宣** Takanori NAKAJO

立命館大学 理工学部建築都市デザイン学科

原発はかつて、地域活性化、雇用増大、経済効果波及等といった利点があると歓迎された。しかし現在その風潮は変化し、安全性の不安、情報公開の不足といった観点から原発反対の気運が高まっている。

本計画では、廃炉が決定した美浜原発1、2号機を解体し更地にするのではなく、10万年後の未来に伝えるモニュメントとして保存し、今後の原発の在り方や、行き場のない放射性廃棄物の問題等の熟議を誘発させる場所と、放射性廃棄物処理に関する人材育成のための専門学校を計画する。

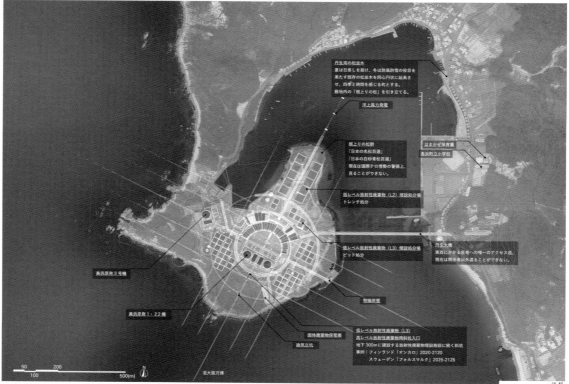

配置計画図

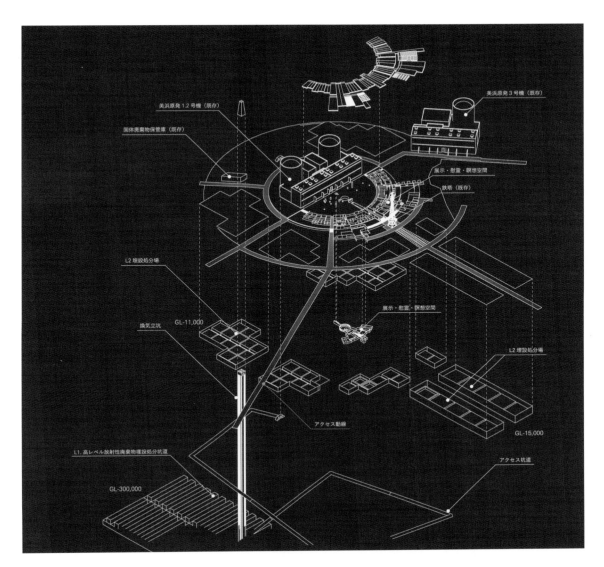

# Borderless Art Museum
―― 近江八幡煉瓦工場再生計画 ――

[ID100]

**中居和也** Kazuya NAKAI

近畿大学　建築学部

敷地は滋賀県近江八幡市船木町。八幡堀が流れる南側に長辺55m、短辺約14m、南北に長い長方形をした窯があり、中央よりやや南に高さ約33mの日本の近代化を支えた煉瓦工場の巨大な窯と煙突が、40年以上もの歳月を経た今も、往時の面影を残しながらたたずんでいる。その歴史的背景を持つ遺構をコンバージョンし、ボーダーレスアート（アールブリュット）の美術館を設計する。障害のある方が創る美術と、この地を支えてきた遺構、この町ならではの堀沿いの美しい風景の3つが混じり合い、ボーダレスアートにふさわしい展示空間をつくりだす。

舟の経路に合わせて、展示空間を配す

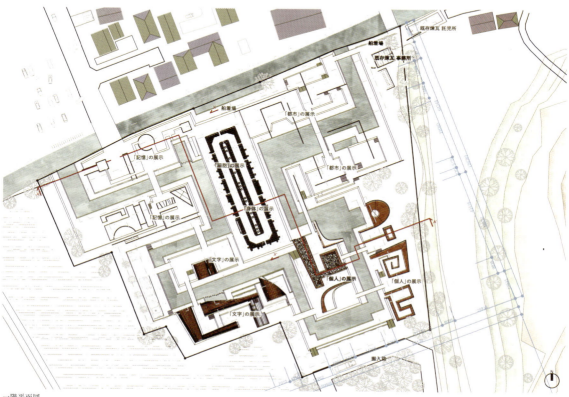

一階平面図

内観イメージ

建築構成

屋根
煉瓦
柱
堀

Borderless Art Museum ──近江八幡煉瓦工場再生計画──　中居和也｜近畿大学 建築学部

# 大地と空の輪郭

[ID062]

## 蔡昂 Kou SAI
関西大学 環境都市工学部建築学科

内と外の境界を曖昧にし、光や風を取り込み、木々の色彩の変化で季節の変化を捉える。これらこそが日本が誇る風景であると思う。

　私はそんな時間と環境と人間がより豊かに関わり合うような建築を考えたい。時の流れを感じない西宮山口の空地に、圧倒的な時間の蓄積と都市の賑わいに満ちた建築を考える。

## DESIGN CONCEPT

### 空の輪郭

地形を型取り、空を映し出すような様相を持つ建築。足元から空まで広がる大らかな風景に建築を馴染ませていく。

内部空間は外部にまで拡張され外部環境に寄り添う。

地形により空間は立体的に構成される。

敷地周辺の山並みをなぞるように屋根をかける屋根の重なりが子どもたちの活動を包み込む。屋根の連なりの総体は空の輪郭をつくる。

### 大地の輪郭

谷地形に沿ってやわらかな風が吹く。桜の木々は季節の流れを感じさせる。

ニュータウンの新しい縁として低層のボリュームに設定する。学校と住宅群が混ざり合った風景を形成する。

各教室を環境に合わせて分散的に配置多様な環境が入り込む余白を持たす。

光が入り込み、風が抜ける。空間を環境の移ろいが浸透していく。地形を型取る一帯は大地の輪郭をつくる。

敷地図｜開発によってできたニュータウンの造成を含んだ輪郭の一帯を設計敷地とし環境に彩られる広大な空地の価値の転換を考えた。

"街のカフェ"
季節によっておすすめが変わるカフェ

"音楽広場"
廊下に張りだす音楽室は子どもたちの歌声が響き渡る

立面図

"屋根だけがかかる体育館"
屋根に守られる体育館では子どもたちの元気な声が周りへと広がる

擁壁をまたぐ場所では、空間が上下に交錯し、子どもたちの活動は立体的に展開される

屋根に守られる空間は一室空間のようなつながりを感じさせる

擁壁の部分では、地形の差により、拡張されたスラブが屋根となり立体的な空間を生み出す。

斜面の部分では、床レベルを分節し断面的な変化が生まれる。桜の木々を教室と教室の間に残していき、環境の移ろいを感じる。

平面図兼配置図

"大屋根の上"
広がる景色を見渡すことができる屋根の上

"大屋根教室"
リズムがついた大屋根で繋がりを感じる教室

"空を歩く廊下"
空を歩くような空中廊下には季節の色がにじみ出る

"光庭のある教室"
中庭を挟む2つの教室は、
時に大きな光庭教室へと姿を変える

"街を引き込む大階段"
地域とつながる大階段では、
子どもたちと街の住民が混ざり合う

"水辺廊下"
水路に沿う廊下は、
子どもたちにとってお気に入りのスポット

"桜並木道の通学路"
季節の葉に彩られた道が
子どもたちの心象風景となる

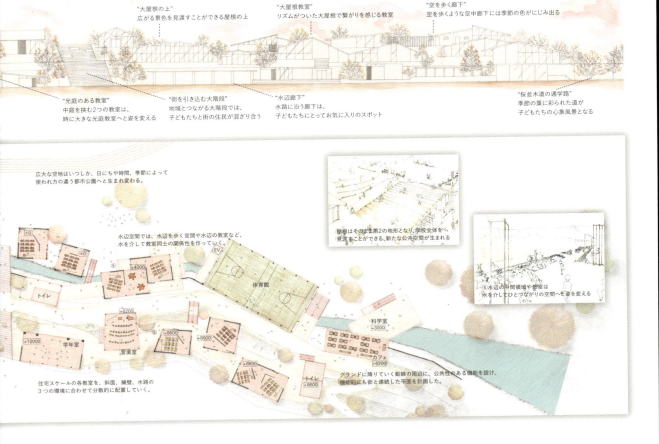

大地と空の輪郭　　　蔡昂｜関西大学 環境都市工学部建築学科

# 特別レポート NEXTA'16

## Diploma×KYOTOのスピンオフ企画
## 建築課題合同作品展 NEXTA'16

建築系学科に所属する3、4回生による「建築課題合同作品展NEXTA'16」。「Diploma×KYOTO」のスピンオフ企画として誕生し、今年で8回目を迎える。今回も67名の学生が関西一円から参加し、大阪府江之子島創造センターにて5月3日から8日まで開催された。本イベントの特徴は、学生同士、過去の運営メンバー、大学の先生、そして建築家からの複数のエスキース、事前講評をおこない、それぞれがブラッシュアップを図りながら、最終の展覧会、講評会が実施される点にある。単なる優劣を競い合うコンテストではなく、お互いに高め合い、次へと繋げるということが根底にある。今年のテーマは「覗き見」。大学の垣根を越えて集まったメンバーの建築観、そして審査員それぞれの建築への想いを覗き見るという意味が込められているという。

5月7日におこなわれた公開審査会は建築家の島田陽氏、前田圭介氏、大西麻貴氏、構造家の満田衛資氏の4名が審査にあたった。午前中のポスターセッションでは、それぞれが持ち時間の中で自分の提案を熱心に説明する姿が見受けられた。そこから一次審査を経た8作品が午後からのプレゼンテーションに臨んだ。農園などの生産行為の共有によって街とのつながりを生み出そうという集合住宅、歴史的な要素を現代的に引用して設計された美術館など、設計課題という決められた枠の中で、一人ひとりの個性が光る提案が印象的だった。続くディスカッションの結果、みごと最優秀賞に選ばれたのは関西大学の濱家茉莉さん『家族になれる家』。母親の再婚という状況に際し、新しい家族をどのようにしたら受け止められるだろうという切実さを、空間構成として解いた。住宅を、個室（私）とリビング（家族）に分離するのではなく、個人に帰属する「自分リビング」という空間を用意することで、お互いをよりよく理解し、それぞれが家族と認め合えるのではないかと説明する。「どうやったら（家族が）仲良くなれるかということに特化しているのだけど、敷地の段差などをうまく使いながら計画が破綻していない。設計の力も密度もあることが満場一致での受賞の理由ではないでしょうか」と島田氏。まだ3回生だという濱家さんは受賞にあたって「とても嬉しいです。夢にも思ってなかったので。設計に自信がなくなっていた時期だったが、設計を続けてみようと思いました」とコメントしてくれた。続く優秀賞には、近畿大学の森下啓太朗くん『柔らかな量塊』が選ばれた。住宅街の中に小さなスケールを持った大学のサテライトキャンパスを挿入し、大学生と地域住民が共同体として風景を共有するという提案だ。審査員賞は、関西学院大学 松原 元『zawazawa』（島田 陽賞）、大阪工業大学 阿部彩音『浮舟』（満田衛資賞）、大阪市立大学 立石愛理紗『Line』（前田圭介賞）、そしてファイナリストには選ばれなかったものの強い希望により神戸芸術工科大学 森本実弥『キョリ+カタチ』（大西麻貴賞）となった。選ばれた人もそうでない人も、ここで得た多くの気づきをこの先のDiploma×KYOTOなどの「NEXT」につなげていってほしい。

## 実施概要

実施日時｜5月3日-8日
会場｜大阪府江之子島創造センター
出展者数｜67名
協賛｜総合資格学院

**今年のテーマは「覗き見」**
学生一人ひとりの頭の中に存在している建築を覗き見たい！という思いから生まれました。大学の垣根を越えて、普段関わることのない大学の学生や審査員の先生方の頭の中にある建築を覗き見ることで、自らの知見を広げることを目指しています。

## 審査員

島田 陽氏

満田衛資氏

前田圭介氏

大西麻貴氏

# 受賞作品紹介

[最優秀賞]

## 家族になれる家

濱家茉莉（関西大学）

母の再婚相手と暮らすとき、どうしたら赤の他人から家族になれるのだろう。個室とリビングの間としての「自分のリビング」を家族それぞれに与える。内外を往復する一本のスロープによりそれらを繋ぐことで家族に様々な距離感を与え、お互いを知るきっかけをつくる。たくさんの「知る」が生まれることで、他人が家族になれる家を提案する。

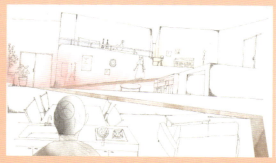

[島田 陽賞]

## zawazawa

松原 元（関西学院大学）

私たちは生態系の一部であるということ。民族であるということ。先祖のひとびとが大切にしてきた思想を現代的に再理解し、それを未来に受け継ぐこと。

[大西麻貴賞]

## キョリ+カタチ

森本実弥（神戸芸術工科大学）

みんなにとって家とは？
社会の一員から家族の一員になる場所。
2世帯が一緒に住むことで生まれるものと蓄積されるもの。
そのキョリとカタチでできている。

［優秀賞］
## やわらかな量塊
森下啓太朗（近畿大学）

一つひとつは小さくささやかなものがたくさん寄り集まった一塊の量塊を設計した。敷地である長瀬は、バラバラなものがひとつの空間の中に寄せ集められていても妙なバランス感で保たれている。それぞれのもの同士の間にささやかな関係が生まれている魅力を長瀬の風景をとともに編集します。

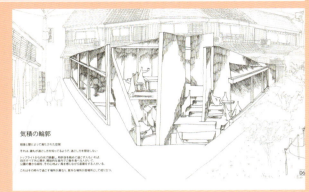

［前田圭介賞］
## Line
立石愛理沙（大阪市立大学）

入学後すぐの下宿生7人が住む共同住宅。家族から離れて寂しさや不安を抱えている。一緒に住むことでその気持ちを和らげ、お互いの距離も縮まる。

［満田衛資賞］
## 浮舟
阿部彩音（大阪工業大学）

大阪の代表的な観光名所・大阪城に並ぶ施設として、人々が積極的に参加できる美術館と周辺のランドスケープを提案する。豊臣秀吉が愛用していた鳳凰丸の屋根を、雨樋・採光に優れた屋根の形に変換し、美術館のシンボルモチーフとした。ボリュームは大阪城と対比させ浮遊感のある形にした。ファサードの"ケ"には大阪の伝統的な建具の大阪障子を、"ハレ"には和紙ガラスを用い、夜でも中から光が漏れ、伝統を後世に伝える美しい美術館を設計する。

総合資格インフォメーション

# 在学中から二級建築士を！

### 技術者不足からくる建築士の需要

東日本大震災からの復興、公共事業の増加、さらに2020年の東京オリンピック開催と、建設需要は今後さらに拡大することが予想されます。しかし一方で、人材不足はますます深刻化が進み、特に監理技術者・主任技術者の不足は大きな問題となっています。

### 使える資格、二級建築士でキャリアの第一歩を

「一級建築士を取得するから二級建築士はいらない」というのは昔の話です。建築士法改正以降、建築士試験は一級・二級ともに内容が大幅に見直され、年々難化してきています。働きながら一度の受験で一級建築士を取得することは、非常に難しい状況です。

しかし、二級建築士を取得することで、住宅や事務所の用途であれば木造なら3階建て1000㎡まで、鉄骨やRCなら□階建て300㎡まで設計が可能です。多くの設計事務所ではこの規模の業務が中心となるため、ほとんどの物件を自分の責任で設計監理できることになります。また住宅メーカーや住宅設備メーカーでは、二級建築士は必備資格となっています。

さらに、独立開業に必要な管理建築士の資格を二級建築士として取得しておけば、将来一級建築士を取得した際に、即一級建築士事務所として開業できます。二級建築士は実務的にも使える、建築士としてのキャリアの第一歩として必須の資格といっても過言ではありません。

### 大学院生は在学中に二級建築士を取得しよう

大学院生は修士1年（以下、M1）で二級建築士試験が受験可能となります。在学中に取得し、入社後の早いうちから責任ある立場で実務経験を積むことが、企業からも求められています。また、人の生命・財産をあつかう建築のプロとして、高得点での合格が望ましいといえます。

社会人になれば、今以上に忙しい日々が待っています。在学中（学部3年次）から勉強をスタートしましょう。M1で二級建築士を取得しておけば就職活動にも有利です。建築関連企業に入社した場合、学習で得た知識を実務で生かせます。大学卒業後就職する方も、就職1年目に二級建築士資格を取得しておくべきです。

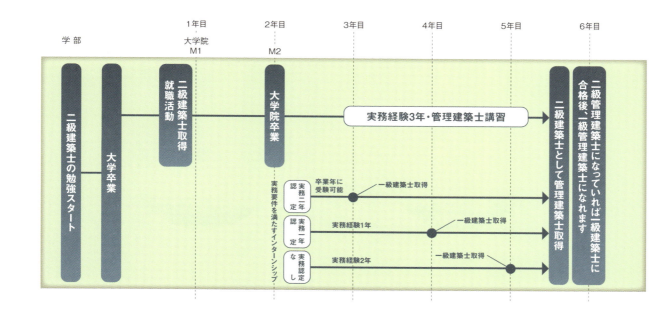

# 早期資格取得で活躍の場が広がる！

## 建築士の早期取得で会社に貢献できる

会社の経営状況を審査する指標として「経営事項審査(以下、経審)」があります。経審は建設業者を点数で評価する制度です。公共工事への入札に参加する業者は必ず受けなければなりません。

経審には技術職員点数が評価される"技術力項目"があり、全体の約25％のウェイトを占めています。一級建築士が5点、二級建築士が2点、無資格者は0点、10年経験を積んだ無資格者が1点と評価されます。つまり、大学院在学中に二級建築士を取得すれば、入社後すぐに2点の貢献（※）ができるため、就職活動も有利に進められます。新入社員であっても、無資格の先輩社員よりも高く評価されることでしょう。※雇用条件を満たすために6ヶ月以上の雇用実績が必要

### 1級資格者の技術力は、10年の実務経験よりはるかに高く評価されている

| 入社年次 | | 1年目 | 2年目 | 3年目 | 4年目 | 5年目 | 6年目 | 7年目 | 8年目 | 9年目 | 10年目 | 11年目 |
|---|---|---|---|---|---|---|---|---|---|---|---|---|
| 大学院で2級建築士を取得 Aさん | | ●2級建築士取得 | | | ●1級建築士取得 | | | | | | | |
| | | 2点 | 2点 | 2点 | 5点 | 5点 | 5点 | 5点 | 5点 | 5点 | 5点 | 5点 |
| 入社してすぐ2級建築士に合格した Bさん | | 無資格 | ●2級建築士取得 | | | ●1級建築士取得 | | | | | | |
| | | 0点 | 2点 | 2点 | 2点 | 5点 | 5点 | 5点 | 5点 | 5点 | 5点 | 5点 |
| 無資格のC先輩 | | 無資格 | | | | | | | | | | 無資格 |
| | | 0点 | 0点 | 0点 | 0点 | 0点 | 0点 | 0点 | 0点 | 0点 | 0点 | 1点 |

## 建築のオールラウンドプレーヤーになろう

建築士試験では最新の技術や法改正が問われます。試験対策の学習をすることで、合否に関わらず、建築のオールラウンドプレーヤーとして働ける知識が身につきます。平成27年の一級建築士試験では、平成26年施行の「特定天井」に関する法改正から出題されました。二級建築士試験では、平成25年に改正された「耐震改修」の定義に関して出題されました。実務を意識した出題や社会情勢を反映した出題も見られます。そのため、試験対策をしっかりとすることで、会社で一番建築の最新知識や法改正に詳しい存在として重宝され、評価に繋がるのです。

建築士資格を取得することで、会社からの評価は大きく変わります。昇進や生涯賃金にも多大な影響を与え、無資格者との格差は開いていくばかりです。ぜひ、資格を早期取得して、実りある建築士ライフを送りましょう。

## 難化する二級建築士試験

平成16年度と27年度の合格者属性「受験資格別」の項目を比較すると、「学歴のみ」の合格者が20ポイント以上も増加しています。以前までなら直接一級を目指していた高学歴層が二級へと流入している状況がうかがえます。二級建築士は、一級に挑戦する前の基礎学習として人気が出てきているようです。その結果、二級建築士試験は難化傾向が見られます。資格スクールの利用も含め、合格のためには万全の準備で臨む必要があります。

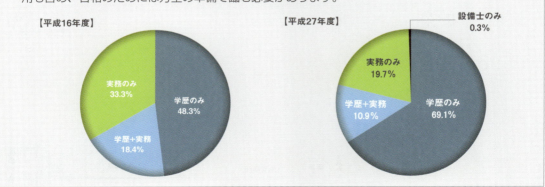

在学中に勉強して取得できる二級建築士・管理建築士講習についての詳しい情報は、総合資格学院のホームページへ（http://www.shikaku.co.jp/）。

# 平成27年度 1級建築士試験

## 平成27年度 1級建築士試験 全国最終合格者占有率

**全国最終合格者合計 3,774名**

- その他合格者占有率 13%
- N学院修了生合格者占有率 30%
- 総合資格学院合格者占有率 **57%**

### 総合資格学院
圧倒的な差をつけ、平成27年度も合格実績

**合格者占有率 No.1 57%**

全国最終合格者3,774名中／総合資格学院合格者2,149名

▶ 平成27年度 1級建築士試験 全国最終合格者内訳

| | | |
|---|---|---|
| **総合資格学院合格者**※1 | **2,149名** | **占有率57%** |
| N学院修了生合格者※2 | 1,145名 | 占有率30% |
| その他合格者 | 480名 | 占有率13% |

※ 表記の合格者占有率は小数点第一位を四捨五入しています。
※1 総合資格学院の合格実績には、模擬試験のみの受験生、教材購入者、無料の役務提供者、過去受講生は一切含まれておりません。
上記、占有率および合格者数はすべて平成27年12月17日に判明したものです。今後新たに合格者が判明次第、数値は変更していきます。
当学院のNo.1に関する表示は、公正取引委員会「No.1表示に関する実態調査報告書」に基づき掲載しております。
※2 平成27年12月17日時点、HP公表データに基づく (http://www.ksknet.co.jp/nikken/index.aspx)

---

**全国 学科・製図 ストレート合格者占有率 60.5%**

全国ストレート合格者 1,594名中
当学院現役受講生 965名

（他講習利用者＋独学者／当学院現役受講生）

※当学院のNo.1に関する表示は、公正取引委員会「No.1表示に関する実態調査報告書」に基づき掲載しております。※全国合格者数は、(公財)建築技術教育普及センター発表に基づきます。
※学科・製図ストレート合格者とは、平成27年度1級建築士学科試験に合格し、平成27年度1級建築士設計製図試験にストレートで合格した方です。※当学院合格者数および占有率はすべて平成27年12月17日現在のものです。
※当学院の合格実績には、模擬試験のみの受験生、教材購入者、無料の役務提供者、過去受講生は一切含まれておりません。

---

**総合資格学院** http://www.shikaku.co.jp 「総合資格」で検索
Facebook 「総合資格 fb」で検索

# インフォメーション | information

**総合資格学院**

## 平成27年度 1級建築士学科試験
### 全国 合格者占有率

全国合格者 4,806名中
当学院現役受講生 2,582名

他講習利用者＋独学者 / 当学院現役受講生

# 53.7%

※当学院のNo.1に関する表示は、公正取引委員会「No.1表示に関する実態調査報告書」に基づき掲載しております。
※全国合格者数は、(公財)建築技術教育普及センター発表に基づきます。

## 平成27年度 2級建築士設計製図試験
### 全国 ストレート合格者占有率

全国合格者 3,322名中
当学院現役受講生 1,335名

# 40.2% 達成

※総合資格学院の合格実績には、模擬試験のみの受験生、教材購入者、無料の役務提供者、過去受講生は一切含まれておりません。

## 平成27年度 1級建築士設計製図試験 1級建築士卒業学校別実績（卒業生合格者20名以上の全学校一覧／現役受講生のみ）

下記学校卒業生合格者の **62.9%** が総合資格学院の現役受講生でした。　合格者合計 2,161名中 当学院現役受講生 1,359名

| 順位 | 学校名 | 合格者数 | 当学院合格者 | 当学院利用率 | 順位 | 学校名 | 合格者数 | 当学院合格者 | 当学院利用率 | 順位 | 学校名 | 合格者数 | 当学院合格者 | 当学院利用率 |
|---|---|---|---|---|---|---|---|---|---|---|---|---|---|---|
| 1 | 日本大学 | 225 | 147 | 65.3% | 17 | 東京都市大学 | 40 | 29 | 72.5% | 34 | 名古屋大学 | 29 | 21 | 72.4% |
| 2 | 東京理科大学 | 132 | 90 | 68.2% | 17 | 名城大学 | 40 | 22 | 55.0% | 36 | 鹿児島大学 | 27 | 16 | 59.3% |
| 3 | 早稲田大学 | 99 | 60 | 60.6% | 17 | 広島大学 | 40 | 29 | 72.5% | 36 | 千葉工業大学 | 27 | 17 | 63.0% |
| 4 | 芝浦工業大学 | 78 | 53 | 67.9% | 21 | 名古屋工業大学 | 39 | 28 | 71.8% | 38 | 大阪市立大学 | 26 | 18 | 69.2% |
| 5 | 近畿大学 | 73 | 35 | 47.9% | 22 | 東京大学 | 36 | 20 | 55.6% | 38 | 信州大学 | 26 | 16 | 61.5% |
| 6 | 工学院大学 | 66 | 34 | 51.5% | 23 | 千葉大学 | 35 | 23 | 65.7% | 40 | 大分大学 | 25 | 14 | 56.0% |
| 7 | 明治大学 | 54 | 37 | 68.5% | 23 | 広島工業大学 | 35 | 23 | 65.7% | 40 | 首都大学東京 | 25 | 17 | 68.0% |
| 8 | 神戸大学 | 51 | 34 | 66.7% | 25 | 東海大学 | 34 | 20 | 58.8% | 40 | 新潟大学 | 25 | 14 | 56.0% |
| 9 | 京都大学 | 47 | 21 | 44.7% | 26 | 東洋大学 | 33 | 21 | 63.6% | 43 | 東北大学 | 24 | 13 | 54.2% |
| 10 | 京都工芸繊維大学 | 46 | 26 | 56.5% | 26 | 三重大学 | 33 | 26 | 78.8% | 43 | 室蘭工業大学 | 24 | 13 | 54.2% |
| 11 | 金沢工業大学 | 45 | 20 | 44.4% | 28 | 熊本大学 | 32 | 20 | 62.5% | 45 | 大阪工業技術専門学校 | 23 | 10 | 43.5% |
| 11 | 関西大学 | 45 | 25 | 55.6% | 28 | 横浜国立大学 | 32 | 20 | 62.5% | 46 | 前橋工科大学 | 22 | 17 | 77.3% |
| 11 | 法政大学 | 45 | 32 | 71.1% | 30 | 福岡大学 | 31 | 20 | 64.5% | 47 | 日本工業大学 | 21 | 11 | 52.4% |
| 14 | 大阪工業大学 | 44 | 29 | 65.9% | 30 | 北海道大学 | 31 | 20 | 64.5% | 47 | 立命館大学 | 21 | 21 | 100.0% |
| 15 | 神奈川大学 | 43 | 32 | 74.4% | 32 | 大阪大学 | 30 | 16 | 53.3% | 49 | 関東学院大学 | 20 | 15 | 75.0% |
| 15 | 九州大学 | 43 | 29 | 67.4% | 32 | 東京工業大学 | 30 | 17 | 56.7% | 49 | 京都造形芸術大学 | 20 | 10 | 50.0% |
| 17 | 東京電機大学 | 40 | 23 | 57.5% | 34 | 中央工学校 | 29 | 20 | 69.0% | 49 | 慶應義塾大学 | 20 | 15 | 75.0% |

※卒業学校別合格者数は、(公財)建築技術教育普及センターの発表によるものです。総合資格学院の合格者数には、「2級建築士」等を受験資格として申し込まれた方も含まれている可能性があります。
※総合資格学院の合格実績には、模擬試験のみの受験生、教材購入者、無料の役務提供者、過去受講生は一切含まれておりません。（平成27年12月17日現在）

## ◆1級建築施工管理技術検定◆

### 平成28年度 学科試験
当学院基準達成 現役受講生合格率

全国合格率 49.4% に対して

# 94.3% 達成

8割出席・8割宿題提出 現役受講生 831名中／合格者 784名

### 平成27年度 実地試験
当学院基準達成 現役受講生合格率

全国合格率 37.8% に対して

# 75.8% 達成

8割出席・8割宿題提出 現役受講生 1,165名中／合格者 883名

※上記合格率は、週一回（日曜または水曜）の講座に8割以上出席し、且つ、宿題を8割以上提出した全現役受講生の合格率です。
※総合資格学院の合格実績には、模擬試験のみの受験生、教材購入者、無料の役務提供者、過去受講生は一切含まれておりません。

Diploma×KYOTO'16
京都建築学生之会合同卒業設計展
2016年9月20日初版発行

[編著]
京都建築学生之会

[発行人]
岸 隆司

[発行元]
株式会社 総合資格 出版局
〒163-0557東京都新宿区西新宿1-26-2
新宿野村ビル22F
Tel: 03-3340-6714（出版局）
http://www.shikaku-books.jp/

[企画・編集]
株式会社 総合資格 出版局
（新垣宜樹）

[編集・制作]
川勝真一

[編集協力]
京都建築学生之会 2016
（書籍班｜大須賀嵩幸／吹抜祥平／池田みさき／井上 怜／内田裕介／大森健史
河合舞子／蔡昂／武政遼平／額田奈菜子／平岡志織／古田三四郎／増田湧志／吉野有里恵）

[デザイン]
外山 央／鈴木大義

[撮影]
瀧本加奈子
（別冊｜P17右下／P26-27／P34-35／P52-53／P56／P64下3枚／P69右下／P74-77を除く）

[印刷・製本]
図書印刷株式会社

落丁本・乱丁本はお取り替え致します。
本書の無断転写、転載は著作権法上での例外を除き、禁じられています。

Printed in Japan
ISBN 978-4-86417-202-8
© Diploma×KYOTO'16 京都建築学生之会